चक्रवर्ती सम्राट्

अशोक

चक्रवर्ती सम्राट्
अशोक

रचना भोला 'यामिनी'

ग्रंथ अकादमी, नई दिल्ली

प्रकाशक : **ग्रंथ अकादमी**
भवन संख्या-19, पहली मंजिल, 2, अंसारी रोड, दरियागंज, नई दिल्ली-110002
 / संस्करण : 2025 / मूल्य : तीन सौ रुपए
मुद्रक : नरुला प्रिंटर्स, दिल्ली ISBN 978-81-991938-5-7

CHAKRAVARTY SAMRAT ASHOK
by Rachna Bhola 'Yamini' ₹300.00
Published by **GRANTH AKADEMI**
Building No. 19, First Floor, 2, Ansari Road, Daryaganj, New Delhi-110002

मम्मा के लिए,
जो
आज भी अनंत ब्रह्मांड
के किसी कोने में खड़ी
मुझे देख मुसकरा रही होंगी!

अपनी बात

"अशोक ने इतिहास के विजय नायकों व राजाओं से बिलकुल अलग, युद्ध की नीति को त्यागने का निर्णय तब लिया, जब वह विजय के शीर्ष पर था।"

—पं. जवाहरलाल नेहरू

वास्तव में अशोक के संपूर्ण चरित्र की विशेषता ही उसे अपने तत्कालीन राजाओं व सम्राटों में अद्‌भुत व अतुलनीय बना देती है। विश्व इतिहास में अशोक का नाम अप्रतिम है, क्योंकि उसने 'भेरी घोष' को 'धर्मघोष' में बदला व सर्वकल्याण की भावना से स्वतः प्रेरित हुआ। सम्राट् अशोक ने एक पिता की भाँति प्रजा का पालन किया। वह प्रजा को अपनी संतान मानकर उनके इहलोक व परलोक दोनों के ही हित–साधन में निरत रहता।

भारत के अनेक पुराने इतिहासज्ञ हैं, जिन्होंने अशोक को 'नराधिपाल', 'श्रीधम्माशोक' आदि संबोधन देते हुए धर्मराज के रूप में आदर–मान दिया।

सम्राट् अशोक ने न केवल भारत अपितु विदेशों में भी प्रेम, एकता, विश्व–बंधुत्व, स्नेह, शांति व अहिंसा का जो अनुकरणीय उदाहरण प्रस्तुत किया, वह अन्यत्र कहीं देखने को नहीं मिलता।

इतिहासविदों ने अशोक की तुलना विश्व के शक्तिशाली महापुरुषों से की है। जिस प्रकार रोम के सर्वेसर्वा कांस्टेंटाइन ने ईसाई धर्म को अपनाकर उसके प्रचार में सहायता की, उसी प्रकार सम्राट् अशोक ने बौद्ध

धर्म को अंगीकार करने के उपरांत बौद्ध धर्म को विश्वधर्म बनाने में अपना योगदान दिया। अशोक के धर्म-प्रेम की पराकाष्ठा ही थी कि उसने अपने पुत्र व पुत्री को भी संघ की सेवा के लिए प्रस्तुत कर दिया।

निस्संदेह धर्म के प्रति इतना समर्पण व त्यागभाव ही अशोक की इस मानसिकता का कारण रहा होगा। उसने भीषण रक्तपात व हिंसा के बाद जब युद्धभूमि में तड़पते घायलों व विधवाओं तथा अनाथों की चीत्कारें सुनीं तो तथागत की स्नेह पगी वाणी व उपदेश ने ही उसे पश्चात्ताप का सूत्र थमा दिया। साम्राज्य विस्तार का महत्त्वाकांक्षी शासक अकस्मात् जनहित व प्रजा का कल्याण चाहनेवाला राजा बन गया। इस युद्ध के बाद अशोक के जीवन की दिशा ही बदल गई। वह 'चंडाशोक' से 'धर्माशोक' कहलाने लगा। प्रजा उसे स्नेह से 'देवानांप्रिय प्रियदर्शी' (देवताओं के प्रिय प्रियदर्शी) कहने लगी।

सम्राट् अशोक ने अनेक स्थानों पर शिलालेख खुदवाए। स्तंभों व स्तूपों का निर्माण करवाया। उसके शासनकाल में प्रजा ने धार्मिक सहिष्णुता का पाठ पढ़ा, क्योंकि अशोक ने कभी दूसरे धर्म का अपमान नहीं किया। वह सदा दूसरे धर्मों को भी उतना ही सम्मान देता था, जितना कि अपने धर्म को।

अशोक के अभिलेख हमें एक ऐसे मानवतावादी चिंतक व विचारक का परिचय देते हैं, जो एक सम्राट् होकर भी सर्वत्यागी भिक्षु के रूप में जीवनयापन करता है। अस्त्रों का सर्वथा त्याग करनेवाला अशोक ऐसा सम्राट् है, जिसका नाम विश्व के इतिहास में भी सम्मानपूर्वक लिया जाता है।

प्रस्तुत पुस्तक के लिए पठनीय सामग्री एकत्र करने के बाद सबसे पहली समस्या यह सामने आई कि मेरे पास अशोक महान् के जीवन की क्रमबद्ध व ऐतिहासिक सामग्री नहीं थी। बौद्ध धर्मग्रंथों में जिस अशोक का उल्लेख मिलता है, वह अतिरंजना व कपोलकल्पना के कुहासे में घिरा है। जनश्रुतियाँ व दंतकथाएँ तो उसके जीवन की घटनाओं, निकटतम

संबंधियों के नामों व कालक्रम को इतना उलझा देती हैं कि कुछ भी तय कर पाना लगभग असंभव हो जाता है। कुल मिलाकर उसके अभिलेखों से ही जीवन की घटनाओं, राजनीतिक, धार्मिक व सामाजिक अवस्थाओं की आंशिक प्रामाणिक जानकारी मिलती है। इससे पूर्व विद्वानों ने भी उन्हीं को आधार मानकर अशोक के विषय में बताने का प्रयास किया है। मैंने भी इसी आधार पर अशोक की जीवनी व योगदान को सरल शब्दों में प्रस्तुत करने का प्रयत्न किया है। पाठकों को अशोक के जीवनकाल व चरित्र की कुछ झलकियाँ देने के लिए ही बीच-बीच में औपन्यासिक शैली का प्रयोग किया गया है। आशा है, पाठक इसे अन्यथा न लेते हुए रसास्वादन करेंगे।

स्नेह सहित,

—रचना भोला 'यामिनी'

rachnabhola@rocketmail.com

विषय-सूची

ऐतिहासिक परिदृश्य

इतिहास की पृष्ठभूमि में असंख्य योद्धाओं, शूरवीरों व विजेताओं के बीच मौर्य साम्राज्य के शासक सम्राट् अशोक का नाम एक उज्ज्वल नक्षत्र की भाँति देदीप्यमान है।

यह ऐसा महान् योद्धा था, जिसने युद्ध व हिंसा के पथ को त्यागकर प्रेम, शांति, करुणा व विश्वबंधुत्व के पथ का आश्रय लिया।

अशोक मौर्य साम्राज्य का उत्तराधिकारी था। अत: मौर्य साम्राज्य की स्थापना व इसके संस्थापक के विषय भी जान लेना चाहिए।

चंद्रगुप्त मौर्य एक वीर योद्धा व कुशल सेनापति था। उसने नंद वंश के राजा को गद्‌दी से उतारकर भारत के इतिहास में मौर्यकाल का सूत्रपात किया। चंद्रगुप्त मौर्य ने अपनी विजय से भारत में एक विशाल साम्राज्य की स्थापना की।

यदि चंद्रगुप्त की बात करें तो चाणक्य का नाम आना स्वाभाविक ही है। चाणक्य मौर्य युग की एक महान् विभूति थे। उनका वास्तविक नाम 'विष्णुगुप्त' था। उनके पिता चणक थे, इसलिए वे 'चाणक्य' कहलाए।

एक बार वे मगध साम्राज्य के शासक धननंद के दरबार में गए। चाणक्य के कुरूप चेहरे व ठिगने कद को देख राजा धननंद उपहास करने लगा। उसने द्वार पर आए याचक का अपमान कर दिया। चाणक्य क्रोधित हो उठे। उन्होंने अपनी चोटी खोलकर प्रतिज्ञा की—

"जब तक मैं नंद वंश का अंत नहीं कर देता, तब तक अपनी चोटी

या शिखा नहीं बाँधूँगा।''

यह क्रोध कोई क्षणिक नहीं था। इस शपथ के परिणामवश ही नंद वंश का अंत हुआ व चाणक्य ने मौर्य साम्राज्य की नींव डालने वाले क्षत्रिय को प्रस्तुत किया।

यह प्रसंग भी कुछ कम रोचक नहीं है। नंद के दरबार से अपमानित होकर लौटते समय चाणक्य ने सोचा—'मुझे एक ऐसा क्षत्रिय चाहिए, जो इस नृशंस व क्रूर शासक का समूल नाश करने में सहायक हो सके!'

बौद्ध गाथाओं का आश्रय लें तो पता चलता है कि चंद्रगुप्त एक राजकुल से संबंध रखता था। उसके पूर्वज शाक्यों ने टिमवेत में जहाँ अपना नगर बसाया, वह स्थान मयूरों से भरा-पूरा था। चारों तरफ सजीले मोर अपनी 'पिऊ-पिऊ' की टेर लगाते तो उन्होंने अपने राज्य का नाम ही 'मौर्य' रख दिया व स्वयं 'मौर्य' कहलाने लगे।

चंद्रगुप्त मौर्य यहीं के प्रतापी राजा का पुत्र था। चंद्रगुप्त अभी माँ के गर्भ में ही था कि पिता एक आक्रमण में चल बसे। गर्भवती माँ ने पाटलिपुत्र में अपने भाई के यहाँ शरण ली।

आगे बौद्धगाथाएँ कहती हैं कि किसी कारणवश माँ वहाँ अपने नवजात पुत्र का पालन नहीं कर सकी व उसे त्याग दिया। फिर एक ग्वाले ने उसे पाला व इसके उपरांत एक व्याध के हाथ बेच दिया। इस प्रकार चंद्रगुप्त का शैशव एक ग्वाले व व्याध के यहाँ व्यतीत हुआ।

यदि जनश्रुति का आश्रय लें तो चंद्रगुप्त के विषय में पता चलता है कि उसकी माता 'भुरा' एक नीच जाति की स्त्री थी, अत: चाणक्य ने 'चंद्र' का नाम 'चंद्रगुप्त मौर्य' रखा। कुछ विद्वानों का मत है कि चंद्रगुप्त राजा नंद की सेना का उच्चाधिकारी था। किसी कारणवश राजा नंद उससे कुपित हो गया, अत: वह पाटलिपुत्र से भागकर तक्षशिला चला गया। वहीं उसकी भेंट चाणक्य से हुई।

जबकि कुछ विद्वान् मानते हैं कि वह मगध के शासक महापदमनंद का पुत्र था। हमें इस विवाद में पड़ने की कोई आवश्यकता नहीं। हमें यह

जान लेना आवश्यक है कि चाणक्य व चंद्रगुप्त की भेंट किस प्रकार हुई।

चाणक्य के नंद के दरबार से लौटते समय चंद्र को कुछ बच्चों के साथ खेलते देखा। वह राजा बनकर दूसरे दो बच्चों के बीच होनेवाले झगड़े का न्याय कर रहा था। उसने बड़े धैर्य से दोनों पक्षों की बात सुनकर जिस प्रकार दूध-का-दूध व पानी-का-पानी कर दिया, उससे चाणक्य बहुत प्रभावित हुआ। चंद्र को देखकर ही जान पड़ता था कि यदि उसे उचित अस्त्र-शस्त्र व नीति-शिक्षा मिल जाए तो वह एक योग्य शासक बन सकता था। उसमें एक भावी शासक के सभी लक्षण उपस्थित थे।

चाणक्य ने तभी तय कर लिया कि वे चंद्रगुप्त को अपना सहायक बनाएँगे। वही क्षत्रिय कुमार उनकी शपथ को पूरा करने का माध्यम होगा। वे बालक को अपने साथ तक्षशिला ले गए। उन्होंने उसे शस्त्र व शास्त्र, दोनों में ही निष्णात बना दिया। जैन गाथाओं में भी चंद्रगुप्त का विवरण आता है। एक गाथा के अनुसार चंद्रगुप्त मयूर पालनेवाले लोगों के गाँव का था। वह उनके मुखिया का लड़का था। एक दिन वह दूसरे लड़कों के साथ राजा-प्रजा का खेल खेल रहा था।

आचार्य चाणक्य ने उससे कहा, 'राजन! कोई भेंट दो।'

चंद्रगुप्त ने बड़े ही आदर-भाव से वहाँ चर रहे पशुओं के झुंड को इंगित कर कहा, 'इन्हें ले जाइए, महोदय! आपको कोई नहीं रोकेगा।'

चंद्रगुप्त के इस आचरण से प्रभावित होकर ही चाणक्य उसे अपने साथ ले गए।

इतिहासकारों का यह भी कहना है कि सिकंदर का सेनापति सेल्यूकस व चंद्रगुप्त संबंधी थे। जब सिकंदर भारत आया तो वह चंद्रगुप्त से मिला था। चंद्रगुप्त ने सिकंदर को परामर्श दिया कि वह मगध पर आक्रमण करे, किंतु सिकंदर किसी कारणवश उससे रुष्ट हो गया और उसका वध करने की आज्ञा दे दी। चंद्रगुप्त ने किसी प्रकार भागकर अपनी प्राण-रक्षा की।

चंद्रगुप्त मौर्य एक वीर योद्धा के रूप में सामने आया। नीति-निपुण चाणक्य का साथ तो था ही। चाणक्य ने चंद्रगुप्त को कहा कि वह

आदिवासियों व जनजातियों के बीच जाकर राष्ट्रीय सेना बनाए। इस बीच वे स्वयं जनता में जागरण के स्वर फूँकने लगे। देखते-ही-देखते चंद्रगुप्त के पास एक बड़ी सेना तैयार हो गई।

एक बार चंद्रगुप्त की अल्प प्रशिक्षित सेना ने चाणक्य की मंत्रणा के बिना ही उत्साह में आकर मगध पर आक्रमण कर दिया। मगध के विशाल बल के आगे उसे घुटने टेकने पड़े और वह किसी तरह जान बचाकर भागा। चाणक्य ने उसे समझाया कि वह अपनी पराजय से सबक ले और अगली बार पूरी तैयारी के साथ जाए।

इसी विषय में एक रोचक प्रसंग कि एक बार चाणक्य व चंद्रगुप्त भेष बदलकर वन में से जा रहे थे कि एक कुटिया के बाहर उनके पैर ठिठक गए। प्यास से सूखते कंठों ने ही उन्हें वहाँ रुकने को विवश किया था।

वे दरवाजा खटखटाते, उससे पहले ही भीतर से एक नारी स्वर उभरा—'ओह माँ, मुँह जल गया।'

'तो चंद्रगुप्त की तरह मत कर। पहले किनारों से खा।'

बाहर खड़े आगंतुक अपना नाम सुन चौंके। चाणक्य से रहा न गया तो कुटिया में जाकर स्त्री से पूछ ही लिया—

'माते! आप अपने भोजन कर रहे बालक को चंद्रगुप्त का उदाहरण क्यों दे रही थीं?'

वह स्त्री बोली, 'सोचा था, चंद्रगुप्त उस नराधम नंद का अंत कर देगा, किंतु देखिए तो कैसी भूल कर रहा है? जिस तरह मेरा पुत्र गरम खिचड़ी को किनारों से खाने की बजाय, बीच में से कौर लेकर मुँह जला बैठा, उसी तरह चंद्रगुप्त ने भी सीधा पाटलिपुत्र पर हमला करके मुँह की खाई। उसे चाहिए था कि पहले वह मगध के आस-पास के क्षेत्रों को विजित कर लोगों का दिल जीतता।'

चाणक्य व चंद्रगुप्त ने उस निरक्षर महिला को प्रणाम किया। कभी-कभी जनसाधारण भी कितनी गूढ़ व अर्थवान् बातें कह जाते हैं! जो बात

राजनीति के प्रकांड पंडित के दिमाग में भी नहीं आई, उसे कितनी सरलता से उस अनपढ़ ग्रामीण स्त्री ने बोल दिया था।

कई विद्वानों का तो यह भी मानना है कि चाणक्य ने अनुभव प्राप्ति के लिए सिकंदर की सेना में चंद्रगुप्त को भरती करा दिया और फिर मगध की सेना में भी चंद्रगुप्त को भेजा। वहाँ उन्होंने कूटनीति से एक ऐसा वातावरण रचा कि मगध की सेना में भी अपने शासक के प्रति असंतोष पैदा हुआ और विद्रोह की चिनगारी फूट पड़ी।

इधर सिकंदर के भारत से लौटने के बाद उसके प्रतिनिधि पंजाब के प्रांतों को सँभालने लगे। तब चंद्रगुप्त व चाणक्य ने भारतीयों को यूनानियों के विरुद्ध भड़काया। यूनानी सेनापति आपस में उत्तराधिकार के लिए उलझे थे, चंद्रगुप्त ने इसी अवसर का लाभ उठाकर पंजाब पर विजय पाई।

अब वह नए सिरे से, दुगनी शक्ति के साथ मगध पर आक्रमण के लिए तैयार था। भोग-विलास में मगन रहनेवाला नंद रणभूमि की ललकार का सामना न कर सका। उसने मृत्यु निकट देख आत्मसमर्पण कर दिया।

चंद्रगुप्त मौर्य मगध के गौरवशाली राजसिंहासन पर आसीन हुआ। चाणक्य के हाथों उसका राज्याभिषेक हुआ। मौर्यकाल भारतीय इतिहास में उल्लेखनीय माना जाता है। चंद्रगुप्त ने इस विजय के बाद प्राय: समस्त भारत को अपने अधिकार में ले लिया।

''चंद्रगुप्त ने छह गारद सेना लेकर पूरे देश पर चढ़ाई कर समस्त भारत पर विजय स्थापित कर ली थी।''

—प्लुटार्क

चंद्रगुप्त ने चौबीस वर्ष तक दृढ़ता से शासन किया। यूनानी विद्वान् मैगस्थनीज (302 से 298 ई.पू. तक) चंद्रगुप्त मौर्य के दरबार में राजदूत के रूप में रहा। उसने अपनी पुस्तक 'इंडिया' में तत्कालीन राजनीतिक व सामाजिक परिस्थितियों का उल्लेख किया। वह अपने व महाराज के वार्त्तालाप का वर्णन करते हुए कहता है—

मैगस्थनीज : महाराज! पाटलिपुत्र के विषय में कुछ बताएँ?

चंद्रगुप्त : मेरा नगर जिस नदी के किनारे स्थित है, वह नदी पवित्र गंगा कहलाती है। पाटलिपुत्र की लंबाई 150 कि.मी. व चौड़ाई 28 कि.मी. है। मैंने नगर की सुरक्षा के लिए लकड़ी की दीवार बनवाई है। सुरक्षा की दृष्टि से इसकी खाई में सदा पानी भरा रहता है।

चाणक्य ने सदैव चंद्रगुप्त मौर्य की हर प्रकार से रक्षा की और उसे अपना सहयोग दिया। विषकन्या के षड्यंत्र को निरस्त करने का प्रसंग हो अथवा चींटियों की कतार देखकर तहखाने में छिपे आक्रमणकारियों को जलाकर राख करने की चतुराई; चाणक्य की सजगता वास्तव में प्रशंसनीय रही।

कुछ समय बाद सिकंदर के सेनापति ने विशाल सेना सहित भारत पर धावा बोल दिया। सेल्यूकस यह नहीं जानता था कि इस दौरान राजनीतिक परिदृश्य काफी बदल चुका है। चंद्रगुप्त ने सिंधु नदी पार कर उसका सामना किया व उसे बुरी तरह से पराजित कर दिया। परास्त सेल्यूकस से चाणक्य ने कहा कि चंद्रगुप्त से संधि करने में ही उसकी कुशलता है।

सेल्यूकस बोला, "निस्संदेह मेरी सेनाएँ चंद्रगुप्त के शौर्य व अनुशासित सेना के आगे नहीं टिक सकतीं, किंतु मेरी एक विनती है, मैं चाहता हूँ कि चंद्रगुप्त मौर्य मेरे दामाद बनें। वे मेरी गुणवती व रूपवान पुत्री हेलन को पत्नी के रूप में स्वीकारें।"

चाणक्य ने प्रत्युत्तर दिया, "तो तुम्हें इस विवाह में उपहारस्वरूप कंधार, काबुल, ईरान व बलूचिस्तान चंद्रगुप्त को देने होंगे।"

सेल्यूकस ने हामी भर दी। पहले-पहल चंद्रगुप्त को एक विदेशी युवती को पत्नी के रूप में स्वीकारने पर संकोच हुआ, किंतु शीघ्र ही वह मान गया। चाणक्य के प्रयत्नों से यह संधि तथा विवाह दोनों सफल रहे। दोनों संस्कृतियों व सभ्यताओं के मेल से परस्पर आचार-विचार, उपहार, कला व शिल्प आदि का भी विनिमय हुआ, जो कि एक सकारात्मक कदम ही था।

इसी विवाह के परिणामस्वरूप यूनानी विद्वान् मैगस्थनीज मौर्य दरबार

में आया। वह अपनी पुस्तक में राजकीय प्रसाद के विषय में लिखता है—

"पाटलिपुत्र की इस काष्ठ नगरी में राजा का भव्य प्रासाद है। यह संसार के राजकीय भवनों में सबसे सुंदर है। इस प्रासाद के सामने मूसा व इकबताना के राज प्रासादों का वैभव भी तुच्छ जान पड़ता है। इस प्रासाद के मंडित स्तंभों पर स्वर्णिम अंगूरी लतिकाएँ चित्रित हैं, जिन पर चाँदी की चिड़ियाँ कल्लोल करती हैं। प्रासाद के सामने मछलियों के लिए सरोवर बने हैं, जिनकी शोभा को उत्कीर्ण करने के लिए कई सजावटी वृक्ष-कुंज व झाड़ियाँ लगाई गई हैं।"

जैन साहित्य के अनुसार—चंद्रगुप्त ने अपने जीवन के अंतिम दिनों में जैन धर्म को स्वीकार लिया था। कहते हैं कि वह अपने पुत्र बिंदुसार को राज्य सौंपकर, अपने गुरु भद्रबाहु के साथ मैसूर चला गया तथा वहीं उपवास करके प्राण त्याग दिए।

महाराज बिंदुसार ने मौर्यवंश के दूसरे शासक के रूप में राज-काज सँभाला। बिंदुसार ने भी पिता के महान् साम्राज्य के विस्तार में अपनी भूमिका निभाई।

एक स्थान पर चाणक्य व बिंदुसार का उल्लेख है, जहाँ वे सैन्य-प्रबंध के विषय में उसे परामर्श देते हैं—

"बिंदुसार! चंद्रगुप्त के समय से ही हमारी सेना में 6 लाख पैदल सेना, 30 हजार अश्वारोही, 9 हजार हाथी व 8 हजार रथ हैं। तुम भी पिता की भाँति सेना का संचालन करो।"

बिंदुसार ने अपने राज्य-प्रशासन में कुछ सुधार लाने के अतिरिक्त मूलभूत नियमों व पद्धतियों को वैसा ही रहने दिया। उसके गुप्तचर विभाग में महिला गुप्तचर भी थीं, जो इतनी निपुणता से अपना कार्य करती थीं कि किसी को संदेह तक नहीं होता था।

मौर्य साम्राज्य में सभी धर्मों को समान आदर मिलता था। हिंदू धर्म, जैन धर्म व बौद्ध धर्म के अनुयायी चारों ओर फैले थे। जैन व बौद्ध धर्म का पालन करनेवालों के अतिरिक्त शिव, कृष्ण, इंद्र व विष्णुजी के उपासक

भी बड़े भक्ति-भाव से अपने धर्म का पालन करते थे।

सम्राट् बिंदुसार ने लगभग 28 वर्ष तक राज किया। यद्यपि उसके शासनकाल के विषय में कोई विस्तृत विवरण नहीं मिलता, किंतु यह सहज ही अनुमान लगाया जा सकता है कि उसने पिता की विरासत को प्राणपण से सँभाला।

'महावंश' व 'दीपवंश' नामक बौद्ध ग्रंथों के अनुसार बिंदुसार की सोलह रानियाँ थीं तथा एक सौ एक पुत्र थे। पुत्र अशोक धर्मविजेता के रूप में मौर्य वंश का अंतिम यशस्वी सम्राट् बना।

सम्राट् अशोक के जीवन के सभी पक्ष इतिहास में स्पष्ट नहीं होते। अतः हमें उसके जीवनकाल व परिस्थितियों को जानने के लिए उसके द्वारा खुदवाए गए शिलालेखों की सहायता लेनी पड़ती है। दरअसल, उसके जन्मकाल, तिथि व राज्यारोहण के विषय में इतनी किंवदंतियाँ प्रचलित हैं कि कई बार लेखनी कर्तव्यविमूढ़ हो जाती है।

अनेक जनश्रुतियों, कंठ-कथाओं तथा इतिहासकारों की लेखनी से निकलकर अशोक का जो रूप व चरित्र सामने आता है, वह वास्तव में उसे 'अशोक महान्' या 'देवानांप्रिय' कहलाने के योग्य बना देता है।

□

भावी सम्राट् की परीक्षा

महाराज बिंदुसार के पुत्रों में से भावी राजकुमार कौन होगा? इस विषय पर विवाद होता ही रहता था। महाराज की प्रत्येक पत्नी यही चाहती थी कि उसका पुत्र ही गद्दी का उत्तराधिकारी हो। यह इच्छा स्वाभाविक भी है, क्योंकि एक माँ के लिए तो अपना पुत्र ही सर्वगुण-संपन्न व सुयोग्य होता है। इधर बिंदुसार मन-ही-मन उधेड़बुन में रहते कि वे अपना युवराज किसे चुनें? किसमें इतनी योग्यता व पराक्रम है, जो साम्राज्य की बागडोर सँभाल सके, इस साम्राज्य का हित साधन कर सके तथा प्रजा की रक्षा कर सके, साथ ही सम्राट् पद की गरिमा भी बनाए रख सके?

सम्राट् के सबसे बड़े पुत्र का नाम 'सुमन' था। राजकुमार सुमन के स्वभाव में थोड़ी चंचलता थी। एक बार उसने खेल-खेल में ही प्रधानमंत्री खल्लाटक के सिर पर खटका गिरा दिया। इस बात से प्रधानमंत्री अप्रसन्न हो गए और मन-ही-मन राजकुमार के व्यवहार से निष्कर्ष निकाला कि उसमें युवराज बनने की योग्यता नहीं है।

फिर उन्होंने दूसरे राजकुमारों का निरीक्षण किया तो पाया कि उनमें से अशोक सर्वश्रेष्ठ था। वह सदैव दीन-दुखियों का कल्याण करता। विद्वानों व ब्राह्मणों का आदर करता। वह बहुत ही मृदुभाषी, सुशील व गंभीर था।

मन-ही-मन बिंदुसार भी संभवत: अशोक के गुण परख चुके थे,

किंतु क्षत्रिय घरानों में सदा से ही बड़े पुत्र को शासन सौंपने की रीति चली आ रही थी। अत: वे चाहकर भी इस इच्छा को फलीभूत नहीं कर सकते थे, किंतु राज्य के मंत्रियों का यही मानना था कि राज्य की बागडोर अशोक ही सँभाल सकता है।

एक दिन बिंदुसार ने साधु पिंगलवत्सजी को बुलाकर कहा, "महात्मन्! आप मेरे सभी कुमारों की परीक्षा लें और बताएँ कि आपको इनमें से सबसे योग्य कौन जान पड़ता है?"

सब राजकुमारों को एक स्वर्णमंडप में आमंत्रित किया गया। सभी कुमार यथायोग्य सुंदर रथों पर विराजमान होकर, राजसी वस्त्रों में सज-धजकर पहुँचे। अशोक ने इन बातों की ओर कोई ध्यान न दिया। उसे मार्ग में एक हाथी मिल गया तो वह उसी पर सवार होकर चल दिया।

भोजन के समय सभी कुमारों को सोने-चाँदी के पात्रों में सुस्वादु व्यंजन परोसे गए, किंतु अशोक को मिट्टी के पात्र में दही-चावल खाने को दिया गया। उसने कोई भी प्रतिरोध किए बिना प्रसाद ग्रहण किया। मानो अशोक की परीक्षा ली जा रही थी। यह एक भावी सम्राट् की सहनशक्ति की परीक्षा थी।

साधु ने कई प्रकार से अशोक को परखने के बाद उसे ही सबसे श्रेष्ठ पाया। दूसरे राजकुमारों से कहा गया कि जिसका वाहन, आसन, भोजन, पात्र और वस्त्र सबसे अच्छे हैं; वही राजा बनने की योग्यता रखता है। यह सुनकर सभी राजकुमारों ने मन-ही-मन स्वयं को श्रेष्ठ मान लिया।

इधर साधु के सामने धर्मसंकट था। वह भाँप गया था कि बिंदुसार अशोक को गद्दी दे नहीं सकते। अत: ऐसे में अशोक का चयन करना उचित नहीं था। उसने सम्राट् को टाल दिया, किंतु सत्य नहीं कहा।

बिंदुसार की पत्नी सुभद्रांगी अर्थात् अशोक की माता ने साधु को बुलाया व पूछा, "महात्मन्! मैं जानती हूँ कि आप कतिपय कारणों से महाराज के सामने सत्य प्रकट नहीं कर सके, किंतु मैं विनती करती हूँ कि

आप मुझसे कुछ न छिपाएँ।''

साधु ने कहा, ''महारानी! वास्तव में आपका पुत्र अशोक ही सुयोग्य शासक बनने की योग्यता रखता है। वह बहुत ही वीर तथा धैर्यवान है। वह मेरे द्वारा किए गए अपमान को भी सहजता से सहन कर गया। वह दूसरों का दुःख-दर्द मिटाना जानता है। कोई चाहे या न चाहे, विधाता की इच्छा हुई तो अशोक ही महान् सम्राट् बनेगा।''

माँ सुभद्रांगी के नेत्रों में अश्रुकण झिलमिला उठे।

□

अशोक व विदिशा परिणय

महाराज बिंदुसार अपने दरबार में विराजमान थे। आज दरबार को विशेष रूप से सुसज्जित किया गया था। आस-पास के सभी प्रांतों व जनपदों के मंत्री व दरबारी भी सभा में उपस्थित थे। सभी के मुख पर प्रसन्नता व उल्लास के भाव थे। राजमाताएँ व राजकुमार भी पदासीन थे। तभी महाराज ने कहा, ''प्यारे सभाजन व नागरिको! आज मुझे कुमार सुमन को औपचारिक रूप से आप सबका राजकुमार घोषित करने में हार्दिक प्रसन्नता हो रही है। मुझे विश्वास है कि कुमार सुमन मेरे योग्य उत्तराधिकारी के रूप में सामने आएँगे। क्या मैं इस प्रस्ताव के संबंध में आप सबकी राय जान सकता हूँ?''

महाराज के शांत होते ही दरबार में प्रसन्नता के स्वर गूँज उठे। प्रजा राजकुमार सुमन की जय के नारे लगाने लगी। समस्त राजपरिवार भी प्रसन्न जान पड़ता था। राजकुमार सुमन आसन से उठे तो बिंदुसार ने स्वयं उसके माथे पर तिलक किया।

सुमन ने औपचारिक रूप से सभी को धन्यवाद दिया और विश्वास दिलाते हुए कहा कि वे प्रजा के हित-साधन में कोई कमी नहीं आने देंगे। सारे दरबारी आगे आ-आकर युवराज सुमन को बधाई देने लगे।

कुमार अशोक बधाई देने आगे आए तो भाई के गले से ही लग गए। अभी सभा में यह कार्यक्रम चल ही रहा था कि द्वार पर संदेश-वाहक के आने की सूचना मिली।

मंत्री ने संदेशवाहक से जाकर पूछा तो पता चला कि तक्षशिला से समाचार आया था, 'वहाँ की प्रजा ने विद्रोह कर दिया है।'

भरी सभा में महाराज को इस तरह का समाचार देना ठीक नहीं था। संकेतों ही संकेतों में सभा स्थगित करने का आदेश दे दिया गया। कुछ ही क्षणों में दरबार खाली हो गया। अब केवल कुछ विश्वस्त मंत्री व राजपरिवार ही उपस्थित था। सभी किसी अनहोनी घटना व समाचार की आशंका से भयभीत थे। मंत्री ने कहा, "महाराज! पहले तो इस शुभ अवसर पर आपके आनंद में बाधा देने के लिए क्षमा चाहता हूँ, किंतु मेरे पास कोई दूसरा विकल्प ही नहीं था।"

"मंत्री! पहेलियाँ न बुझाओ। हमें शीघ्र ही कहो कि क्या समस्या है। संदेशवाहक ऐसा क्या संदेश लाया है, जिसने तुम्हें इतना व्याकुल कर दिया है?" महाराज बोले।

"महाराज! संदेशवाहक तक्षशिला से आया है। पता चला है कि वहाँ की प्रजा ने हमारे प्रांतीय राजकर्मचारियों के प्रति विद्रोह कर दिया है। तक्षशिला से काफी समय से ही ऐसे समाचार आ रहे थे, किंतु यह नहीं पता था कि ऐसी नौबत आ जाएगी।"

महाराज बोले, "वास्तव में राजद्रोह एक गंभीर परिस्थिति होती है। अपनी ही प्रजा अपने ही शासन के विरुद्ध खड़ी हो जाए तो धैर्य व संयम रखते हुए संतुलन बनाए रखना बड़ा कठिन होता है। इन परिस्थितियों में तो किसी ऐसे धीर-गंभीर व्यक्ति की आवश्यकता होती है, जो प्रजा को शांत व संतुष्ट कर सके तथा राज्य की न्याय संबंधी व्यवस्था भी फिर से लागू कर सके। मंत्री! कहो, किसे भेजा जा सकता है?"

मंत्री ने तनिक संकोच के साथ कहा, "महाराज! कुमार अशोक इन परिस्थितियों को भली-भाँति सँभाल लेंगे।"

"कुमार अशोक! वह तो अभी छोटा है। क्यों न उसके किसी बड़े भाई को भेज दिया जाए?"

"नहीं महाराज! आप केवल आयु से उनकी बुद्धिमत्ता व कौशल

को न परखें। कुमार अशोक हर दृष्टि से इस कार्य के लिए उपयुक्त हैं।''

महाराज भी मन-ही-मन जानते थे कि मंत्री ने कुछ अनुचित नहीं कहा था। अशोक की योग्यता निस्संदेह विश्वास करने योग्य थी। अशोक के साहस व पराक्रम को तो वे जानते थे। बस अब उनके बुद्धि-कौशल की भी परख होनेवाली थी।

तक्षशिला में अशोक ने शांति स्थापना करके दिखा दिया कि वे राज-काज व प्रशासन सँभालने में पूरी तरह से निपुण व दक्ष थे। तक्षशिला की प्रजा को भी उसके शासनकाल में कोई समस्या नहीं थी। उधर महाराज बिंदुसार को भी अशोक की योग्यता में कोई संदेह नहीं रहा था। वे जान गए थे कि अशोक अपने भाइयों से आयु में छोटा होने पर भी राज्य का सफल संचालन करने योग्य गुण रखता है।

एक दिन उन्हें उज्जयिनी से आए दूत ने एक संदेश दिया। संदेश पढ़ते ही वे चिंता में पड़ गए। बात ही कुछ ऐसी थी कि वे व्याकुल हो उठे। उन्होंने तत्काल अशोक को संदेश भिजवाया कि वह उनसे पाटलिपुत्र में आकर मिले।

तक्षशिला की शासन व्यवस्था सँभाल रहे अशोक ने भी पिता का समाचार पाते ही लौटने में विलंब नहीं किया। हालाँकि पिता ने केवल पाटलिपुत्र आने को कहा था, किंतु वे मन-ही-मन जान गए कि अवश्य ही कोई ऐसा कार्य है, जिसके लिए उन्हें बुलवाया गया है।

अशोक का अनुमान सही निकला। पिता ने कहा, ''पुत्र अशोक! उज्जयिनी में विद्रोह के स्वर सुनाई पड़ रहे हैं। यदि उन्हें समय रहते न दबाया गया तो तिल का ताड़ बनते देर न लगेगी। जब दूत ने यह समाचार दिया तो सबसे पहले हमें तुम्हारा ही ध्यान आया। तुम इस विषय में अपनी योग्यता प्रमाणित कर चुके हो। अतः हम चाहते हैं कि तक्षशिला की शासन व्यवस्था सुमन को सौंपकर तुम उज्जयिनी चले जाओ।''

अशोक ने पिता को आश्वस्त किया, ''पिताश्री! आप व्यर्थ ही

चिंतित न हों। मैं विद्रोहियों को शांत कर दूँगा। यदि आपने मुझ पर विश्वास किया है तो मैं भी आपके इस विश्वास को खंडित नहीं होने दूँगा।''

अशोक के शब्दों ने महाराज बिंदुसार की सारी व्यथा हर ली। वे अशोक को विजयश्री पाने का आशीर्वाद देकर अपने कक्ष में चले गए।

अशोक के लिए यह कोई कठिन कार्य नहीं था। उसे प्यार से प्रजा को शांत करना तथा अपने अस्त्र-शस्त्र के बल पर शत्रु का दमन करना, दोनों ही कार्यों में महारत हासिल थी, किंतु उसकी चिंता का विषय कुछ और था। आज पिताजी ने उसे पुन: महत्त्वपूर्ण कार्य सौंपकर दूसरे भाइयों की ईर्ष्याग्नि को भड़का दिया। वे सदा यही कहते रहे हैं कि पिताजी अशोक को अधिक चाहते हैं, तभी वे उसे अपने सभी महत्त्वपूर्ण कार्यों में भागीदार बनाते हैं।

अशोक का अश्व पवन वेग से दौड़ता चला जा रहा था। कई घंटों की यात्रा के बाद अशोक के मन में यह विचार आया कि भले ही उसे थकान न हो रही हो, किंतु उसे अपनी सेना का तो ध्यान रखना ही था।

कुछ समय बाद वे विदिशा जा पहुँचे। अशोक की आज्ञा से सेना ने वहीं डेरा डाल दिया। सभी विश्राम करने लगे। अशोक अपने सेनापति सहित आस-पास के क्षेत्र में भ्रमण कर रहे थे।

तभी उन्हें कुछ युवतियों के खिलखिलाकर हँसने का स्वर सुनाई दिया। उस मनोरम वातावरण में सामने से आती युवतियों की टोली ने अचानक ही उनका ध्यान आकृष्ट किया।

युवतियों के हाथ में पूजा के थाल थे। उनकी टोली की एक युवती अपनी लंबी व घनी केशराशि, चंचल नयनों व भोले से मुखमंडल के साथ अलग ही शोभायमान हो रही थी, मानो मोतियों से सजी अँगूठी के बीच किसी ने माणिक्य जड़ दिया हो। उसके चेहरे पर स्त्रीसुलभ लज्जा के भाव थे। जब शेष युवतियाँ अशोक तथा सेनापति को देख आपस में बातें करने लगीं तो उस युवती ने नतमुख होकर वहाँ से

निकलना चाहा।

अशोक तो जैसे उसके प्रथम दर्शन में ही अपनी सुध-बुध गँवा बैठे। भले ही जीवन में वैभव व विलास का प्राचुर्य था, किंतु ऐसा निष्पाप सौंदर्य तो उन्होंने पहले कहीं नहीं देखा था।

उन युवतियों ने पूछे जाने पर बता दिया कि वे चैत्य जा रही थीं। इससे यह तो स्पष्ट हो गया कि वे बौद्ध धर्म को मानती थीं, किंतु कुछ और पूछने से पहले वे आगे निकल चुकी थीं। अशोक को ऐसा लगा, मानो किसी ने उनके सामने से प्रकाशपुंज को दूर करके अंधकार बिखेर दिया हो। किसी प्यासे के होंठों तक जलपात्र लौटाकर उसे और भी व्याकुल कर दिया हो। अभी तो वे जी भरकर उस सौंदर्य राशि को निहार भी नहीं पाए थे कि वह चली गई। वे बड़ी देर तक उसी राह पर टकटकी लगाए खड़े रहे तो सेनापति ने टोका, ''क्षमा करें राजकुमार! हमें डेरे पर लौटना चाहिए।''

अशोक ने सेनापति के कहने पर वापसी की राह ली, पर दिल तो जैसे वहीं-कहीं पीछे छूट गया था। सेनापति भी अपने राजकुमार के मन की दशा जान गया था। विश्वासपात्र व समझदार सेवक को कुछ कहने की आवश्यकता नहीं होती। उसने स्वयं ही अनुचर को भेजकर पता लगवा लिया कि उस युवती का नाम विदिशा था, वह उच्च व्यापारी वंश की कन्या थी। यद्यपि इतिहास व मिथकों की मानें तो कहीं-कहीं इस युवती को 'असंधिमित्रा' का नाम भी दिया गया है, किंतु हम इसे 'विदिशा' कहकर ही पुकारेंगे।

कुलीन श्रेष्ठी परिवार की विदिशा बौद्ध धर्म की सच्ची उपासिका थी। कालांतर में अशोक की परिवर्तित मानसिकता के मूल में उसका विशेष योगदान रहा।

कहना न होगा कि बिना कुछ कहे-सुने विदिशा ने भी पहली ही नजर में अशोक पर अपना सबकुछ न्योछावर करने का प्रण ले लिया था। यह तो दोतरफा आकर्षण था। उस रात अशोक पल भर को भी नींद नहीं

ले सके। ज्यों ही नेत्र मूँदते तो मुसकराती युवती सामने आ जाती। अगली सुबह सेनापति ने उन्हें बताया कि वे कल विदिशा से मिले थे। अशोक की इच्छा थी कि विदिशा के माता-पिता से भेंट की जाए। इससे पूर्व कि वे सेनापति से इस बारे में कुछ कहते, उसने कहा, "राजकुमार अशोक की ओर से संदेश भेज दिया गया है कि वे विदिशा के माता-पिता से भेंट करना चाहते हैं।"

अशोक के मुख पर एक भली सी मुसकान खिल गई। सेनापति अपना कर्तव्य भली-भाँति निभा रहे थे। विदिशा के माता-पिता से भेंट के दौरान ही अशोक ने इच्छा प्रकट कि वे उनकी पुत्री से विवाह करना चाहते हैं।

यह सुनते ही विदिशा के माता-पिता की प्रसन्नता का ठिकाना न रहा। उनकी पुत्री राजमहलों की रानी बनेगी! द्वार के पीछे छिपी विदिशा ने भी यह वार्त्तालाप सुना तो स्वयं ही लजाकर भाग खड़ी हुई। यह कैसा चमत्कार था, कल जिस अजनबी ने अचानक उसके मन को बाँध लिया था, आज वही उनके माता-पिता से उनका हाथ माँगने आ पहुँचा और देखते-ही-देखते 'हाँ' भी हो गई! विदिशा को तो जैसे सबकुछ एक सपने जैसा लग रहा था।

उनके घर में धूमधाम से विवाह की तैयारियाँ होने लगीं, क्योंकि राजकुमार अशोक के पास अधिक समय नहीं था। उन्हें तो उज्जयिनी में हो रहे विद्रोह को दबाने के लिए जल्दी-से-जल्दी कूच करना था। अतः पाटलिपुत्र में भी केवल सूचना भेज दी गई।

विदिशा के माता-पिता को कहा गया कि वे विवाह के प्रबंधों में अधिक समय न लगाएँ। वरपक्ष की ओर से सेना ने विवाह में भाग लिया। सबकुछ मानो पूर्व निर्धारित की तरह घटता चला गया। अशोक के जीवन से जुड़ा यह महत्त्वपूर्ण प्रसंग इतनी सरलता व तत्परता से पूर्ण हुआ, मानो कोई दैनिक चर्या हो। शुभ प्रसंग में रत्ती भर भी व्यवधान न आया।

फिर वह क्षण भी आ पहुँचा, जब कोमलांगी विदिशा राजकुमार

अशोक की सहधर्मिणी बन गई। कुछ दिन बाद ही अशोक विदिशा और सेना सहित उज्जयिनी रवाना हो गए। वहाँ जाकर परिस्थितियाँ कुछ ऐसी बनीं कि वे उनमें ही उलझकर रह गए।

अपनी ही प्रजा के बीच पल रहे विद्रोह को दबाना सरल तो नहीं था। शासन व्यवस्था में भ्रष्टाचार की सेंध लग चुकी थी। अशोक न एक-एक कर विद्रोहियों का सफाया कर दिया। प्रजा भी आश्वस्त हो गई कि अब वह एक सुयोग्य प्रशासक के हाथों में सुरक्षित है।

इस अव्यवस्था को दूर करने के बाद अशोक अपनी नवविवाहिता के पास जा पहुँचे। उनके साथ अमूल्य हीरे-मोतियों से सुसज्जित आभूषणों के उपहार थे। मन-ही-मन कल्पना के सागर में गोते लगाते अशोक राजप्रासाद में पहुँचे। वे उन क्षणों की प्रतीक्षा में थे, जब कोमलांगी विदिशा उन्हें देख हर्षातिरेक से लिपट जाएगी, किंतु महल में तो कक्ष सूना पड़ा था।

दासी ने कहा कि विदिशा राजउद्यान में हैं। अशोक वहाँ पहुँचे तो विदिशा को गहरी उदासी के बीच हरे-भरे वृक्षों को निहारते पाया। वे बोले, "विदिशा! हम समझ सकते हैं। अभी विवाह हुए कुछ समय ही बीता है। एक तो माता-पिता का दुःख और ऊपर से हम भी तुम्हें अधिक समय नहीं दे पा रहे। क्या करें, यहाँ की परिस्थितियाँ तो तुमसे छिपी नहीं हैं। यदि विद्रोह को न कुचलते तो राज्य की शांति भंग हो जाती।"

"तो क्या विद्रोह कुचलने से शांति भंग नहीं हुई? यहाँ जो रक्तपात हुआ, वह किसलिए था?" विदिशा बोली।

अशोक उसके मुख से ऐसे शब्द सुनकर आश्चर्यचकित हो उठे।

"देवी! यह मेरे पिताजी की आज्ञा थी और वैसे भी शासन को सुचारु रूप से चलाने के लिए तो हिंसा का आश्रय लेना ही पड़ता है। इसमें नया क्या है?"

"नया कुछ नहीं है। सदियों से हिंसा की यह गाथा यूँ ही चली आ रही है। किंतु कोई नहीं जानता कि इस हिंसा की महागाथा के ग्रंथ में एक-

एक पृष्ठ रक्तरंजित है। उससे लाखों-करोड़ों दोषी-निर्दोषी प्राणियों के रक्त की बू आती है।'' विदिशा का एक-एक शब्द न जाने मन की किस गहरी भँवर से निकला था।

लगता था जैसे वह कई दिन से इन सभी बातों पर ही विचार करती रही थी। नवविवाहिता विदिशा को इस बात से कोई शिकायत नहीं थी कि पति व्यस्त होने के कारण उन्हें समय नहीं दे सके। पति की व्यस्तता का कारण उसके चिंतन का विषय था।

बौद्ध परिवार की विदिशा को हिंसा से सख्त घृणा थी। किंतु वह नहीं जानती थी कि उसका विवाह एक क्षत्रिय से हुआ था, और क्षत्रिय को तो जाने-अनजाने, चाहे-अनचाहे दूसरों के खून से हाथ रँगने ही पड़ते हैं। पारिवारिक विरासत कहें या भोगलिप्सा की लालसा, यश पाने की कामना हो या राजगद्दी का लोभ; मनुष्य को हिंसा का गुलाम बना ही देती है।

अशोक हतप्रभ थे। उनके क्षत्रिय संस्कार भला इतनी सरलता से अहिंसा का पाठ कैसे पढ़ते? जिसका बचपन तलवारों के साए में पला-बढ़ा हो, जिसे शत्रु-दमन करने पर पिता से वाहवाही मिली हो, भला वह किशोर हिंसा का त्याग कैसे कर सकता था?

अशोक ने दो टूक शब्दों में कहा, ''विदिशा! यदि आवश्यकता आन पड़े तो रक्त बहाना ही क्षत्रिय का धर्म होता है। तुम मुझे मेरे धर्म का पालन करने से मत रोको। मैं भी तुम्हें कभी अपने संस्कार छोड़ने के लिए नहीं कहूँगा''

उस दिन तो यह वार्त्तालाप वहीं समाप्त हो गया, किंतु विदिशा के हृदय में मानो पाषाणशिला पैठ गई। वह एक ऐसे व्यक्ति पर अपना जीवन कैसे न्योछावर कर सकती थी, जिसके हाथ दूसरों के खून से रँगे हों? अपने बौद्ध संस्कारों व पतिधर्म का पालन; इन दोनों के बीच विषम संतुलन साधती विदिशा निरंतर स्वयं को दिलासा देती कि वह एक दिन अशोक के मन में भी अहिंसा के प्रति श्रद्धा जाग्रत् कर पाएगी।

□

अशोक का मानसिक द्वंद्व

पाटलिपुत्र में अशोक की विजय का समाचार पहुँचा तो महाराज बिंदुसार यह सोचकर प्रसन्न हो उठे कि एक उन्होंने अशोक को वहाँ भेजकर कोई गलती नहीं की। किशोर अशोक ने अपनी योग्यता व वीरता से एक बार फिर सिद्ध कर दिया कि वह एक सुयोग्य शासक है।

उसके विवाह का शुभ समाचार भी तो आया था। निस्संदेह उन्हें विवाह में सम्मिलित न हो पाने का दुःख तो था, किंतु इस बात की प्रसन्नता भी थी कि पुत्र अशोक अपनी जीवनसंगिनी सहित सफल दांपत्य जीवन व्यतीत कर रहा है और परदेस में उसके पास अपना कहने को कोई तो है। अन्यथा सुदूर प्रांतों व नगरों में विजय का डंका पीटते राजा-महाराजाओं के जीवन की विडंबना यही होती है कि वे भोग-विलास व ऐश्वर्य के सभी साधन होने के बावजूद किसी आत्मीय व निकटतम की उपस्थिति के लिए तरस जाते हैं। उनकी पत्नियाँ तथा अन्य संबंधी राजधानी के महलों में उनकी बाट जोहते हैं और वे राज्य विजय करते, अपने जीवन के जाने कितने बहुमूल्य पल यूँ ही गँवा देते हैं।

इधर अशोक अपनी पत्नी की मानसिकता के सर्वथा विपरीत चलते हुए शासन व्यवस्था सँभालने में मगन थे। यद्यपि उन्होंने विदिशा के बौद्ध क्रिया-कलापों में कभी विघ्न नहीं डाला, किंतु जब कभी विदिशा अपने यहाँ बौद्ध साधुओं को निमंत्रित करती तथा पति से अपेक्षा करती कि वे भी इस प्रसंग में उपस्थित हों तो परस्पर चल रहा मतभेद अकस्मात् मुखर हो जाता।

अशोक को विदिशा के किसी कार्य से कोई आपत्ति नहीं थी, किंतु वे यह नहीं चाहते थे कि उन्हें भी इन कार्यों का एक अंग बनाया जाए।

कहना न होगा कि बौद्ध रानी विदिशा व राजकुमार अशोक के आपसी मतभेद व प्रेम के बीच ही जीवन चलता रहा और फिर एक ऐसा समाचार आया, जिसने उनके जीवन में नई कलियाँ खिलने का संकेत दिया।

विदिशा माँ बननेवाली थी। अशोक यह जानकर प्रसन्नता से झूम उठे। वे अपने सामने एक भावी सम्राट् को देख रहे थे और विदिशा मन-ही-मन अपनी संतान को धर्म के पथ पर चलने की प्रेरणा दे रही थी।

पति-पत्नी अपनी-अपनी कल्पनाओं कें प्रांगण में मगन रहते। अशोक चाहते थे कि गर्भवती माँ क्षत्रियोचित क्रियाकलापों में रुचि ले, ताकि भावी संतान में क्षत्रिय संस्कार उत्पन्न हों। विदिशा चाहती थी कि साधु-संतों के सत्संग व प्रवचन सुने, धार्मिक ग्रंथों का पठन-पाठन करे, नित्यप्रति चैत्य जाए, ताकि आने वाली संतान में धर्मबुद्धि हो, वह प्राणिमात्र से प्रेम करे। संसार में प्रेम, शांति व अहिंसा का संदेश प्रसारित करे।

विदिशा के धार्मिक आचार-विचार का प्रभाव तो संतान पर होना ही था, फिर अशोक चाहे न चाहे। विदिशा ने पुत्ररत्न को जन्म दिया। कहते हैं कि वही बालक महेंद्र बड़ा होकर पिता अशोक के धर्म-प्रचार के कार्य में विशेष रूप से सहायक हुआ।

नर के मन में कुछ और होता है और नारायण के कुछ और। प्राय: मनुष्य यह समझ नहीं पाता कि विधाता ने उसके लिए क्या रच रखा है! उस समय अशोक भी भला कहाँ जानते थे कि उनका पुत्र एक भावी सम्राट् नहीं, वह तो लाखों-करोड़ों लोगों को धर्म के पथ पर अनुगामी करने का साधन होगा।

विदिशा के पुत्र-जन्म का समाचार पाटलिपुत्र पहुँचा तो वहाँ भी उत्सव मनाया गया। अशोक ने विदिशा की इच्छा को मान देते हुए पूरे नगर में मुनादी करवा दी कि अनाथ व असहाय प्रजा उसके कोष से सहायता पाएगी तथा प्रजा को दिल खोलकर दान दिया जाएगा।

विदिशा मानो सारी प्रजा के आशीर्वाद व शुभ कामनाएँ अपने नवजात शिशु के लिए समेट लेना चाहती थी। बालक का नाम अशोक ने रखा 'महेंद्र'। वे बोले, "यह महेंद्र है। यह क्षत्रिय कुमार मेरी तरह ही वीर व यशस्वी होगा। यह पूरी पृथ्वी को विजित करेगा तथा शत्रु इसके नाम से थर-थर काँपेंगे।"

विदिशा पति की प्रसन्नता में बाधा नहीं देना चाहती थी, अत: मन-ही-मन पुत्र को आशीर्वाद दिया, 'पुत्र! पूरी पृथ्वी को नहीं, पृथ्वी पर रहनेवालों के हृदयों पर एकच्छत्र राज करना।'

अशोक चाहता था कि महेंद्र का पालन-पोषण एक क्षत्रिय बालक की भाँति हो, किंतु माँ विदिशा ने पुत्र को अहिंसा का संस्कार दिया। माँ ही बालक की प्रथम पाठशाला होती है। वहाँ पढ़े गए पाठ बालक के लिए पूरे जीवन की थाती बन जाते हैं। वह पुत्र महेंद्र को बौद्ध भिक्षुओं की कहानियाँ सुनाती। अपनी महान् संस्कृति व पूर्वजों का इतिहास सुनाती।

लगभग दो वर्ष बाद अशोक व विदिशा के जीवन में एक नन्ही सी पुत्री ने कदम रखा। ऐसा लगता था जैसे वह विदिशा का ही नन्हा प्रतिरूप हो। महेंद्र के लिए नन्ही बहन किसी नए खिलौने से कम नहीं थी। वह उसे बारंबार उलट-पुलटकर देखने का प्रयास करता तो माँ उसे आशीर्वाद देती। उसने महेंद्र को पास बुलाया और उसका हाथ पुत्री के सिर पर रखकर कहा, "पुत्र! यह तुम्हारी छोटी बहन है। मैं इसके जीवन की रक्षा का भार तुम्हें सौंपती हूँ। जीवन में चाहे कैसी भी परिस्थितियाँ क्यों न हों, सदैव इसकी रक्षा करना।"

महेंद्र इस नए उत्तरदायित्व को पाकर बहुत प्रसन्न हुआ। अब तो नन्ही बहन की देख-रेख में ही उसका समय बीतता। वह एक नन्हे अभिभावक के रूप में, बालिका को रोते देख चुप कराने का यत्न करता तो विदिशा के लिए हँसी रोकना मुश्किल हो जाता। खैर, जो भी हो, भाई-बहन के ये स्नेहतंतु आजीवन यूँ ही जुड़े रहते हैं। यदि बाल्यकाल से ही इनकी डोर कसकर बाँध दी जाए तो कोई भी झंझावात इन्हें तोड़ नहीं

पाता। विदिशा को तसल्ली थी कि उन्होंने महेंद्र और उसकी बहन को उसी स्नेहतंतु से बाँध दिया था।

अशोक अपने एक युद्ध अभियान से लौटे तो पुत्री के जन्म का समाचार मिला। वे तत्काल अपने कक्ष में पहुँचे। विदिशा ने उनकी गोद में पुत्री को रख दिया व मनुहार करती हुई बोली, "स्वामी! यदि आप अन्यथा न लें तो कुछ कहना चाहती हूँ।"

"बोलो विदिशा! तुमने तो हमें इतना प्यारा उपहार दिया है। भला हम तुम्हारी बात को अन्यथा कैसे ले सकते हैं?"

"स्वामी! मैं चाहती हूँ कि इस कन्या का नाम मैं रखूँ।"

अशोक ने कहा, "अरे, इतनी सी बात! हमने तो सोचा था कि जाने विदिशा देवी ऐसा क्या माँगने या कहने जा रही हैं कि उन्हें इतनी सकुचाहट हो रही है!"

विदिशा ने नन्ही सी बिटिया को अपने हृदय से लगाया व श्रद्धापूरित नेत्रों से बोली, "मैं इसका नाम 'संघमित्रा' रखूँगी।"

कक्ष में बालिका का नाम गूँज रहा था, पर अशोक के मुख पर उल्लास का कोई भाव नहीं आया। उनके मन में अकस्मात् एक विचार कौंध गया कि भला एक क्षत्रिय कन्या का बौद्ध नाम कैसे रखा जा सकता है? मुख से वे बोले तो कुछ नहीं, किंतु उनके चेहरे के भावों ने सब कह दिया।

विदिशा ने पूछा, "स्वामी! क्या नाम अच्छा नहीं लगा? मेरा मानना है कि शिशु का नाम सदा सार्थक होना चाहिए, जो उसके जीवन के भावी लक्ष्य को चरितार्थ करने की क्षमता रखता हो।"

"निस्संदेह, आपने सत्य कहा देवी, किंतु..."

"किंतु क्या, स्वामी? आप जो भी कहना चाहें, निस्संकोच कहें। यदि पति-पत्नी के बीच भी औपचारिकता की दीवारें खड़ी रहीं तो भला मन की बात बाहर कैसे आएगी?"

विदिशा के इन शब्दों को सुनते ही अशोक के मन में छिपा संदेह

मुखर हो आया, ''देवी! संघमित्रा तो एक बौद्ध नाम है। यह तो एक क्षत्रिय कन्या है। इसके पिता एक क्षत्रिय हैं।'' अशोक के स्वर में क्षत्रियोचित तेज झलक उठा।

''किंतु माँ तो बौद्ध धर्म को मानती है। क्या एक माँ स्वेच्छा से पुत्री का नामकरण करने का भी अधिकार नहीं रखती?'' विदिशा के शब्दों में छिपा उपालंभ अशोक से छिपा न रहा। वे उल्लास तथा प्रेम भरे क्षणों में मनोमालिन्य नहीं आने देना चाहते थे। मुसकराकर बोले, ''नहीं! मैं तो यूँ ही कह रहा था। आपने तो बहुत अच्छा नाम छाँटा है। ठीक ही तो है, अशोक के पुत्र का नाम महेंद्र व पुत्री का नाम संघमित्रा होगा। यह दो विविध धर्मों व विचारों के समन्वय का प्रतीक कहलाएगा। हमारे राजपरिवार से यदि प्रजा को धर्मों के समन्वय का संदेश मिले तो कितना अच्छा हो!''

''स्वामी, हमें अपने धर्म के अलावा दूसरों के धर्म को भी उतना ही आदर-सम्मान देना चाहिए। धार्मिक सहिष्णुता प्रत्येक मनुष्य के जीवन का अंग हो जाए तो यह पृथ्वी कितनी सुंदर हो जाए?''

कुछ समय बाद अशोक के लिए पाटलिपुत्र से संदेश आया कि महाराज बिंदुसार अस्वस्थ है। अशोक ने तत्काल जाने का प्रबंध किया; किंतु उन दिनों विदिशा का स्वास्थ्य ऐसा नहीं था कि वह पाटलिपुत्र जा पाती। अत: अशोक ने विदिशा और बच्चों को उनके नाना के पास विदिशा नगरी में छोड़ दिया।

गुप्तचरों ने सूचना दे दी थी कि मौर्य साम्राज्य को पाने के लिए भाइयों के बीच षड्यंत्र चल रहे हैं। निस्संदेह इस तरह तो मौर्य साम्राज्य बिखरकर रह जाता।

अशोक द्वारा राजसिंहासन पर आरूढ़ होने के विषय में कई तरह की कथाएँ प्रचलित हैं। यदि उनके विस्तार में जाएँ तो कोई लाभ नहीं होगा। बस इतना जान लेना ही पर्याप्त है कि बिंदुसार के जाने के बाद मंत्रियों ने अशोक को ही अपना सम्राट् चुना, जबकि उत्तराधिकारी के रूप में बड़ा भाई उपस्थित था। अन्य भाई भी राज्य के लिए संघर्षरत थे।

अशोक ने येन-केन प्रकारेण मौर्य राज-सिंहासन को कंटक मुक्त किया। वह 21 वर्ष की आयु में मौर्य सम्राट् बन गया, किंतु उसका विधिवत् अभिषेक 268 ई.पू. में हुआ। तभी से उसका शासनकाल माना जाता है। सम्राट् अशोक ने जब राजगद्दी पा ली तो जीवन का एक नया अध्याय आरंभ हुआ। उसने अपने पूर्वजों के समान ही आस-पास के सभी प्रदेशों को अपने राज्य में मिलाने का प्रयास किया और काफी हद तक इसमें सफल भी रहा।

□

अशोक का साम्राज्य

सम्राट् अशोक के शिलाभिलेख समस्त भारतवर्ष में मिलते हैं। जिन-जिन स्थलों पर ये अभिलेख मिले हैं, निस्संदेह उन्हें अशोक के साम्राज्य का अंग माना जा सकता है।

यदि सरल शब्दों में कहें तो उसका राज्य उत्तर-पश्चिम दिशा में बलूचिस्तान, मकरान और अफ़गानिस्तान राज्य तक फैला था। पूर्व दिशा में ब्रह्मपुत्र नदी तथा दक्षिण में मैसूर तक इसकी सीमा थी। उत्तर में हिमालय इसकी ढाल था और कश्मीर तथा नेपाल इसी के अधीन थे। पश्चिम दिशा में जूनागढ़ व सौराष्ट्र इसके अंग थे।

प्रसिद्ध इतिहास लेखक विंसेट स्मिथ के अनुसार—

''मौर्य सम्राट् इस देश की उस सीमा तक पहुँच गए थे, जिसे पाने के लिए मुगल सम्राट् और अंग्रेज तड़पते ही रहे, परंतु सफल न हो सके।''

सम्राट् अशोक के अभिलेखों में अनेक शहरों व नगरों के नाम होने से भी साम्राज्य विस्तार के साक्ष्य प्राप्त होते हैं। जिनमें पाटलिपुत्र, मगध, कौशांबी, लुंबिनी, कलिंग, समापो, सुवर्ण गिरी, हसल, उज्जयिनी, तक्षशिला आदि नाम आते हैं। किन्हीं शिलालेखों में तो स्थान के अतिरिक्त जाति या शासक का भी उल्लेख है, यथा—

''देवताओं के प्रिय प्रियदर्शी राजा ने अपने विजित राज्य; अन्य सीमांत प्रदेशों में जैसे चोल, पांड्य, सत्यपुत्र, केरलपुत्र; ताम्रपर्णी प्रदेशों में यवन राज एंतीओक्स व अन्य राजा, जो उस एंतीओक्स के पड़ोसी राजा हैं और

प्रत्येक जगह दो प्रकार की चिकित्साओं (मनुष्य व पशु चिकित्सा) का प्रबंध करवाया है।''

''विगत काल में धर्म-महामात्र नियत नहीं किए जाते थे, किंतु अभिषिक्त होने के तेरहवें वर्ष में मैंने धर्म-महामात्रों को नियत किया। वे सब संप्रदायों में धर्म की स्थापना व रक्षा के लिए नियत हैं। वे यवन, कंबौज, गंधार, राष्ट्रिकों तथा पश्चिमी सीमा प्रांत या अन्य लोगों के लिए नियत हैं।''

''ऐसा कोई जनपद नहीं है, जहाँ वे वर्ण न पाए जाते हों। सिवाय यवन जनपद के ऐसा कोई जनपद नहीं है, जहाँ के मनुष्यों की किसी-न-किसी धर्म में प्रीति न हो। कलिंग युद्ध में जितने लोग आहत हुए, मारे गए तथा बंदी बनाए गए; यदि उनका सौवाँ या हजारवाँ भाग भी आहत किया जाता, मारा जाता या बंदी बनाया जाता तो आज यह देवताओं के प्रिय को असीम दुखदायक होता।''

देवताओं का प्रिय धर्म-विजय को ही अच्छा समझता है। यह विजय देवताओं के प्रिय को यहाँ तथा सब सीमांत प्रदेशों में छह सौ योजन तक, जहाँ यवन राज्य एंतिओक्स तथा अन्य चार राजा तालमी, अंतिगोनस, मग तथा अलिकसुंदर हैं तथा नीचे चोड़, पांड्य तथा ताम्रपर्णी पर विजय प्राप्त हुई है।

''देवताओं के प्रिय का मत है कि जो उपकार करता है, वह भी क्षमा के योग्य है, यदि वह क्षमा किया जा सके। जो जंगली जातियाँ (अरबी) व सम्राट् के साम्राज्य के अंदर हैं, उनको भी वह अनुगामी व धर्म-मार्ग पर लाना चाहता है। वह उन्हें इस बात का ध्यान करवाता है कि सम्राट् के पश्चात्ताप में भी कितनी शक्ति है, जिससे वे लज्जित हों तथा नष्ट न होने पाएँ।''

इस प्रकार इन सभी उद्धरणों को पढ़ने से साफ पता चलता है कि अशोक के राज्य की सीमाएँ कहाँ तक थीं या कौन-कौन से राज्य उसके प्रभाव-क्षेत्र में आते थे। ह्वेनसांग ने तो यह भी उल्लेख किया है कि उसने

कपिशा, जलालाबाद, तक्षशिला, सिंहपुर, थानेसर, गोविसन, पीलोसन, कन्नौज, कर्ण-सुवर्ण, पुंड्रवर्धन, उरशा आदि स्थानों में अशोक द्वारा बनवाए गए स्तूप देखे थे।

इतिहासकार कहते हैं कि मौर्य साम्राज्य के विजित प्रदेशों में नेपाल की तराई का इलाका भी शामिल था। नेपाली जनश्रुति के अनुसार अशोक ने अपनी कन्या चारूमती का विवाह वहाँ के क्षत्रिय देवपाल से किया था तथा वहाँ एक नगर बसाने के अतिरिक्त अनेक स्तूपों व चैत्यों का निर्माण भी करवाया था।

साम्राज्य की सीमाओं का इतना विस्तार होने के बावजूद कलिंग एक ऐसा प्रांत था, जिस पर अशोक का आधिपत्य नहीं था। कहते हैं कि एक बार उसके पिता ने भी कलिंग-विजय का प्रयास किया था, किंतु सफल नहीं हो सके। इस बार अशोक नें कलिंग को अपने अधीन करने का दृढ़ निश्चय कर लिया।

□

महत्त्वाकांक्षा का अंत

अशोक की महत्त्वाकांक्षा ने उसे एक साम्राज्यवादी शासक बना दिया था। कलिंग राज्य का स्वतंत्र अस्तित्व उसकी आँखों में खटकने लगा। उस राज्य पर पूर्ण अधिकार पाने की इच्छा से ही उसने कलिंग पर चढ़ाई करने का निर्णय लिया।

निस्संदेह, पहले भी उसकी सेना को कई बार युद्ध की तैयारियों के आदेश मिले होंगे। युद्धभूमि में रक्तपात हुआ होगा। विजयी सैनिकों ने मृतकों की देहों के बीच विजयश्री का उत्सव मनाया होगा, किंतु यह युद्ध तो एक नया ही दृश्य सामने लानेवाला था। मानो एक भावी परिवर्तन की भूमिका रची जा रही थी।

यही वह युद्ध था, जिसने अशोक के प्रेम व स्नेह से परिपूर्ण पारिवारिक संबंधों में सेंध लगा दी थी। यद्यपि विदिशा के अतिरिक्त उसने दूसरी युवतियों से भी विवाह रचाया तथा अन्य संतानों का पिता भी बना, किंतु विदिशा से उसका संबंध हृदय का संबंध था। यह नाता किसी भी दूसरे नाते से बड़ा होता है। अहिंसा प्रेमी विदिशा ने पुत्र महेंद्र व पुत्री संघमित्रा को अहिंसा के संस्कार दे दिए, किंतु लाख चाहने पर भी पति को गानवता व अहिंसा का पाठ नहीं पढ़ा सकी।

अशोक की तलवार के साए में साम्राज्य की सीमाओं का विस्तार होता जाता और विदिशा पल-प्रतिपल उससे दूर होती जाती। इस परिणय-संबंध की इतिश्री कलिंग-युद्ध के हुई। जब युद्धभूमि में लाशों व खून की

धाराओं के बीच खड़े अशोक को पत्नी का पत्र मिला—

"आर्यपुत्र! अब आपकी हिंसा एवं साम्राज्य-लिप्सा मेरी सहनशक्ति की सीमा के बाहर हो चुकी है। आपके पुत्र व पुत्री को भिजवा रही हूँ। आपके जीवन से एक पत्नी के रूप में अंतिम विदा लेती हूँ।

आपकी विदिशा"

सम्राट् ने विदिशा के विषय में पूछा तो पता चला कि वह बुद्ध के संघ में सम्मिलित हो गई है।

कलिंग

कलिंग राज्य के नरसंहार से अशोक के जीवन में एक क्रांतिकारी परिवर्तन आया। इससे पूर्व कि हम उस परिवर्तन के विषय में जानें, हमें पहले कलिंग राज्य के विषय में थोड़ा जान लेना चाहिए।

कलिंग राज्य भारत के किनारे पर महानदी, गोदावरी व कृष्णा नदी के बीच का प्रदेश था। उसके तीन ओर से मौर्य साम्राज्य की सीमाएँ लगती थीं व पूर्वी सीमा पर बंगाल की खाड़ी थी। यूँ तो अशोक ने आस-पास के सभी राज्यों पर अधिकार कर लिया था, किंतु कलिंग अब भी पूरी आन-बान व स्वतंत्र सत्ता के साथ विद्यमान था। वह धन-धान्य से परिपूर्ण एक समृद्ध राज्य था।

उसके विषय में चीनीयात्री ह्वेनसांग ने लिखा है—

"इस कलिंग प्रदेश की लंबाई-चौड़ाई बहुत ज्यादा नहीं है। यह प्रांत खूब उपजाऊ है। यहाँ खेती का कार्य विधिवत् होता है तथा चारों ओर फलों के वृक्ष हैं। यहाँ अनेक मनोरम वन हैं। यहाँ बड़े-बड़े भूरे हाथी पाए जाते हैं। इन हाथियों की पड़ोसी देशों में भारी माँग है। जलवायु सूर्योत्पन्न व तापपूर्ण है। लोग रुक्ष व असभ्य होने के बावजूद सत्यवादी तथा विश्वसनीय हैं।"

"प्राचीन काल में कलिंग राष्ट्र बहुत ही घना बसा हुआ था। यहाँ की जनसंख्या अगण्य थी। यहाँ के लोगों के कंधे एक-दूसरे से रगड़ खाते

थे। रथों की धुरियाँ आपस में टकराती थीं। जब वे हाथों की आस्तीनें ऊपर उठाते थे तो एक संपन्न उपकारिका या खेमा तैयार हो जाता था।

''वहाँ पाँच आध्यात्मिक शक्तियोंवाला एक ऋषि उच्च स्थान पर समाधि लगाए पवित्र मंत्र जपा करता था। अपनी शक्ति के क्षीण होने पर कलिंग के लोगों ने उसका तिरस्कार किया। इस तिरस्कार से रुष्ट होकर ऋषि ने शाप दिया कि 'कलिंग की पूरी प्रजा, वृद्ध, बाल व युवा सभी नष्ट हो जाएँ।'

''इस शाप के फलस्वरूप भोले, सरल, ज्ञानी व निरपराध तरुण, युवा और बच्चों, सबकी एक सी गति हुई। इस प्रकार कलिंग की संपूर्ण जनता नष्ट हो चली।''

(सी-यू-की, एस. बील, खंड-2)

मैग्स्थनीज ने कलिंग राजा के विषय में लिखा है—

''उसके पास 60 सहस्र पैदल, एक सहस्र अश्वारोही तथा 700 लड़ाकू हाथी थे।''

कहते हैं कि बिंदुसार ने भी अपने समय में कलिंग को तीन ओर से घेरा था, फिर भी वह कलिंग को पराजित नहीं कर सका था।

धन-धान्य से भरपूर कलिंगवासी अपने शौर्य के लिए जाने जाते थे। कलिंगवासी भी आन के पक्के थे। उन्होंने युद्ध किए बिना मौर्य सेना के आगे झुकने से इनकार कर दिया। कहते हैं कि अशोक की सेनाओं ने काफी लंबे समय तक घेराबंदी की और फिर घमासान युद्ध हुआ। भीषण रक्तपात व नरसंहार के कारण युद्धभूमि लाशों से पट गई। चारों ओर रक्त की नदियाँ बहती दिखती थीं।

दोनों पक्षों में ही जान-माल की भारी हानि हुई थी। घायल सिपाहियों की चीत्कारें सुनी नहीं जाती थीं।

इस भयंकर युद्ध ने रिश्ते-नातों के मायने ही बदल दिए। कोई मरनेवाला एक व्यक्ति अपने साथ कई संबंधों को भी समाप्त कर जाता था, क्योंकि वह किसी का पुत्र, पिता, बेटा या भाई होता। मैदान में लड़नेवाले जिन

योद्धाओं ने वीरगति पाई, उनका नाम तो अमर हो गया, किंतु घायलों की दशा दयनीय थी। पहनने को वस्त्र नहीं, खाने को भोजन नहीं, रहने को छत नहीं और न ही किसी चिकित्सा व्यवस्था का प्रबंध था। दवा व चिकित्सा के अभाव में घायल तड़प-तड़पकर मरे।

एक शिलालेख से पता चलता है—

"राज्याभिषेक के आठ वर्ष बाद देवताओं के प्रिय प्रियदर्शी राजा ने कलिंग देश को विजय किया। वहाँ डेढ़ लाख लोग बंदी बनाकर देश से बाहर ले जाए गए। एक लाख लोग मारे गए व इससे कई गुना लोग महामारी आदि से मरे। इसके बाद अब जबकि कलिंग देश मिल गया है तो देवताओं के प्रिय द्वारा धर्म का अध्ययन, धर्म का प्रेम व धर्म का अनुशासन तीव्र गति से हुआ है। कलिंग को जीतने पर देवताओं के प्रिय को बड़ा पश्चात्ताप हुआ, क्योंकि जिस देश की पहले विजय नहीं हुई है। उस देश की विजय होने पर लोगों की हत्या, मृत्यु व देश-निष्कासन होता है। देवताओं के प्रिय को इससे बहुत दुःख व खेद हुआ है।"

□

सम्राट् का हृदय-परिवर्तन

जैसाकि पाठक जानते ही हैं कि अशोक के जीवन में कलिंग-युद्ध का कितना महत्त्व रहा। कहते हैं कि कलिंग के भीषण रक्तपात को देखकर अशोक का हृदय परिवर्तन हो गया और उसने बौद्ध धर्म की शरण ली।

तथागत के धर्म ने दुःखी हृदय अशोक को अहिंसा व करुणा का पथ दिखाया। कहते हैं कि यह घटना विश्व के मानव इतिहास की सबसे बड़ी घटनाओं में से एक है। इसी एक घटना के दूरगामी सकारात्मक परिणाम भी देखने को मिले। यदि चंडाशोक धर्माशोक में परिवर्तित न हुआ होता, तो क्या हम बौद्ध धर्म का इतना प्रचार देख पाते; बल्कि इतिहास के पृष्ठों पर कुछ और ही कहानियाँ लिखी जातीं।

क्षत्रिय अशोक ने धर्मप्रिय अशोक का रूप लिया। त्रयोदश शिलालेख के अनुसार—''जब से कलिंग विजय हुआ, तब से देवताओं के प्रिय का धर्मांतरण बढ़ा, धर्म के स्नेह की वृद्धि हुई व धर्म का अत्यधिक विस्तार हुआ।''

ऐतिहासिक व धार्मिक साक्ष्यों के अनुसार अशोक के बौद्ध धर्म ग्रहण करने के विषय में अनेक कथाएँ मिलती हैं।

कहते हैं कि एक रात अशोक ने सपने में देखा कि उसकी आत्मा को लोटोमुक्किया नरक में धकेल दिया गया है। राजा यह दृश्य देखकर व्याकुल हो गया। तभी उसकी बहन आनंदी भिक्षुणी वायुमार्ग से वहाँ आ गई।

उसने राजा से कहा, 'हे राजा! तुम्हें अपने इस अनर्थकारी कृत्य का प्रायश्चित्त करना ही होगा। धर्म के प्रमुख आचार्यों से इसका प्रायश्चित्त करवाओ व बौद्ध धर्म का आश्रय लो। तभी तुम्हारे मन को शांति मिलेगी।'

अगले दिन अशोक वैशाली पहुँचा। वहाँ के विहार के आचार्यों के सम्मुख अपना पाप स्वीकार कर प्रायश्चित्त किया तथा बौद्ध धर्म ग्रहण कर लिया।

एक दूसरी कथा के अनुसार, "अशांत अशोक एक दिन महल के झरोखे से झाँक रहा था। तभी उसने एक भिक्षु को वहाँ से जाते देखा। उसे देखते ही अशोक का मन उसकी ओर खिंचने लगा। वह भिक्षु अशोक के भाई का पुत्र न्यग्रोध कुमार था।

सम्राट् ने प्रहरी को कहा, "भिक्षु से कहो कि वह सादर यहाँ पधारे!"

अशोक ने पूछा, "पूज्यमान आप कौन हैं?"

"मैं एक बौद्ध भिक्षु हूँ।"

"क्या आप अपना पूर्व नाम बताने की कृपा करेंगे?"

"माँ मुझे न्यग्रोध कुमार कहती थीं।"

"अरे! यह तो मेरे भाई के पुत्र का भी नाम था?" अशोक ने विस्मय से कहा।

"जी हाँ! मैं वही हूँ।"

"तुम तो मुझसे घृणा करते होगे?" अशोक ने पूछा।

"नहीं, मैं किसी से घृणा नहीं करता।"

"अपने पिता के हत्यारे से भी नहीं?"

"नहीं, मैं पापी से नहीं, पाप से घृणा करता हूँ। मनुष्य मात्र के प्रति प्रेम व अहिंसा ही मेरा धर्म है।"

"क्या अहिंसा मन का संताप मिटा देती है?"

"अहिंसक को संताप छू भी नहीं सकता।" न्यग्रोध ने मुसकराकर कहा।

"मैं दुःखी व अशांत हूँ। पछतावे की आग में जल रहा हूँ। मुझ जैसे

पापी को कहाँ शरण मिलेगी?''

''भगवान् बुद्ध की शरण में आओ, वहीं सच्ची शांति है।''

भिक्षु जाने को हुआ तो अशोक ने कहा, ''तात! मैं आप लोगों को भोजन कराना चाहता हूँ।''

न्यग्रोध—''मैं उसे अपने उपाध्याय को समर्पित करता हूँ।''

अशोक—''मैं फिर से आठ लोगों का भोजन देता हूँ।''

न्यग्रोध—''मैं उसे अपने आचार्य को देता हूँ।''

अशोक—''मैं और आठ लोगों का भोजन देता हूँ।''

न्यग्रोध—''मैं उसे भिक्षु संघ को अर्पित करता हूँ।''

सम्राट् ने फिर से आठ व्यक्तियों को भोजन देने को कहा तो इस बार न्यग्रोध ने निमंत्रण स्वीकार लिया।

अगले दिन न्यग्रोध सहित बत्तीस भिक्षुओं ने अशोक के घर भोजन किया। भोजन के उपरांत उसने बौद्ध धर्म का उपदेश सुना और फिर अपना जीवन धन्य कर लिया।

कहते हैं कि अशोक ने उस दिन से बौद्ध धर्म का आश्रय लिया तथा सदा के लिए शस्त्रों का त्याग कर दिया। वह दिन 'धर्म विजय' के नाम से मनाया जाने लगा। अनेक बौद्ध उसे 'विजयादशमी' कहते हैं। भारतीय बौद्ध इस दिन प्रतिवर्ष विजयादशमी का उत्सव मनाते हैं।

□

अशोक व बौद्ध धर्म का प्रचार

''दूसरी महासभा के आचार्यों ने भविष्यवाणी की थी कि सम्राट् अशोक संपन्न व बौद्ध रक्षक होंगे।''

—महावंश

सम्राट् अशोक ने बौद्ध धर्म के प्रचार को नई दिशा व आयाम दिए। यद्यपि शाक्य महामुनि के काल से ही बौद्ध धर्म का प्रचार होने लगा था, किंतु अशोक ने इसे स्वदेश व विदेशों तक पहुँचाने का महती संकल्प लिया तथा उसमें सफल भी रहा।

धीरे-धीरे धर्म के प्रति उसकी प्रीति बढ़ती ही गई। उसने अनेक धर्मयात्राएँ कीं। पहले वह संबोधि गया, फिर अपनी प्रजा को धर्म के उपदेश देने के कार्य में भी वृद्धि कर दी।

सम्राट् के धर्म पराक्रम में वृद्धि के विषय में महावंश कहता है, ''राजा को पूछने पर पता चला कि अद्वितीय महाकोला नागराज कवों ने चार बुद्धों के दर्शन किए हैं।''

सम्राट् ने इस नागराज को लाने के लिए सोने की एक शृंखला भेजी। उस पर सम्मानपूर्वक पुष्प-वर्षा की गई। तब सम्राट् ने नागराज से पूछा, ''प्रिय, मुझे सिद्धांत चक्रवर्ती भगवान् तथागत के दर्शन करवाओ।''

नागराज ने अपनी शक्ति द्वारा बुद्ध की अत्यंत दुर्लभ प्रतिकृति प्रकट की। उस दीप्त आत्मावाली मूर्ति को देख सम्राट् के हर्ष का ठिकाना न

रहा। उसने मन-ही-मन सोचा कि यदि यह कल्पित मूर्ति ऐसी है तो वास्तव में तथागत का रूप कितना मनोरम व भव्य रहा होगा!

इसके बाद अशोक ने सात दिन तक उत्सव मनाया व प्रतिदिन बुद्ध की प्रतिकृति के दर्शन पाए।

कलकत्ता-वैराट का लघु शिलालेख

यह शिलालेख वैराट की पहाड़ी पर स्थित विहार में पाया गया—

''मगध के राजा प्रियदर्शी संघ को अभिवादनपूर्वक कहते हैं (और आशा करते हैं) कि वे विघ्नरहित व सुखपूर्वक होंगे। हे भदंतगण! जिसको मैं समझता हूँ कि इससे सद्धर्म निरास्थायी रहेगा, उसको (अर्थात् अवश्य पढ़े जाने योग्य धर्मग्रंथों के नाम) यहाँ पर लिखता हूँ। यथा—

''इन धर्मग्रंथों को, हे भदंतगण! मैं चाहता हूँ कि बहुत से भिक्षु व भिक्षुणियाँ बार-बार श्रवण करें तथा मन में धारण करें। इस प्रकार उपासक व उपासिकाएँ भी सुनें व धारण करें। हे भदंतगण! मैं इसलिए यह लेख लिखवाता हूँ कि लोग मेरा अभिप्राय जानें।''

सम्राट् चाहता था कि आज्ञापत्र में दिए गए बौद्ध ग्रंथों का पारायण हो। विद्वानों के अनुसार वे ग्रंथ निम्नलिखित थे—

1. रथ विनीत सुत्त
2. नालक सुत्त
3. मुनि गाथा मुनि सुत्त
4. अनागत भयानि
5. आर्यवंश
6. लाहुलोवाद-राहुलवाद सुत्त
7. विनय सामुकी।

ये सभी ग्रंथ अपने आप में संक्षिप्त, संपूर्ण, सटीक व सरल थे। अतः अशोक ने विशेष रूप से इन्हीं का चयन किया तथा इनके पठन-

पाठन का आग्रह किया। सम्राट् ने केवल वही ग्रंथ चुने, जो धर्म के सद्-सिद्धांतों पर आधारित थे। धर्म के बाह्य पक्ष की बजाय उसके आंतरिक पक्ष को महत्त्व देते थे।

अशोक ने सारनाथ स्तंभ में दूसरा बौद्ध लेख दिया। जिसमें संघ के उल्लंघन संबंधी नियम थे, इनकी चर्चा आगामी अध्यायों में की गई है।

अशोक के काल में बौद्ध धर्म देश-विदेश में खूब फला-फूला। अलबरूनी के वृत्तांत से पता चलता है कि प्राचीनकाल में इराक, खुरासान, ओसल, पर्शिया व सीरिया की सीमा तक बौद्ध धर्म के अनुयायी फैले थे।

कहते हैं कि मौर्यकाल में भारत का मध्य एशिया से काफी गहरा संबंध रहा। पिछले वर्षों में तुर्किस्तान व खोतान की खुदाई से अनेक स्तूप, विहार व बौद्ध मूर्तियाँ प्राप्त हुईं। उस काल में यह बृहत्तर भारत का ही एक अंग था। चीनी यात्रियों ने भी इस मान्यता को समर्थन दिया है।

अनेक तिब्बती जनश्रुतियाँ कहती हैं कि सम्राट् अशोक के शासनकाल में ही बौद्ध धर्म का प्रचार-प्रसार हुआ। एक प्रसंग के अनुसार एक बार शाक्यमुनि बुद्ध खोतान गए। उनके प्रभाववश खोतान की झील का सारा पानी सूख गया और वह स्थान रहने योग्य बन गया।

भगवान् बुद्ध की मृत्यु के बाद 234 वर्ष में, भारत में धर्माशोक का राज स्थापित हुआ। वह पहले क्रूर व अत्याचारी था, किंतु बाद में धार्मिक हो गया। उस समय खोतान प्रांत आबाद नहीं हुआ था।

अशोक के यहाँ एक पुत्र ने जन्म लिया। ज्योतिषियों ने गणना करके कहा कि वह बालक पिता के जीवनकाल में ही राजा होगा। यह जानकर अशोक ने आज्ञा दी कि उस बालक का परित्याग कर दिया जाए।

बालक को फेंक दिया गया, किंतु येन-केन प्रकारेण बालक का पालन-पोषण होता रहा। उसका नाम 'कु-स्तन' पड़ा, अर्थात् जिसने माँ का स्तन न पिया हो।

उस समय चीन के एक प्रदेश में बोधिसत्त्व का शासन था। उनके 999 पुत्र थे। उन्होंने वैश्रवण से प्रार्थना की कि उनके यहाँ एक और पुत्र

हो जाए। वैश्रवण ने कुस्तन को उसके पुत्रों में स्थान दे दिया।

एक दिन कुस्तन के भाई विवाद करने लगे कि वह तो उनके पिता का पुत्र नहीं है। तब वह अपने दस हजार साथियों सहित खोतन में, मेस्कर नामक स्थान पर चला गया।

यहाँ भारत में अशोक का यश नामक अमात्य था। अशोक यश से रुष्ट रहने लगा तो वह भी अपने सात हजार साथियों सहित खोतन चला गया। वहाँ उसकी भेंट कुस्तन से हुई। उन दोनों ने मिलकर वहाँ नया राज्य बनाया। कुस्तन राजा व यश मंत्री बना।

इस प्रकार ज्योतिषी की भविष्यवाणी भी पूरी हो गई कि कुस्तन अपने पिता के जीवनकाल में ही सम्राट् होगा।

खोतन के विषय में चीनी जनश्रुति कहती है कि अशोक के पुत्र कुणाल की छल से आँखें निकलवा दी गई थीं। जिन लोगों ने इस छल में सहायता दी, उन्हें अशोक ने राज्य से निकलवा दिया था। उन्हीं लोगों ने खोतन प्रदेश को आबाद किया।

अशोक के शासनकाल में नेपाल में भी बौद्ध धर्म का प्रचार हुआ। नेपाल में अनेक ऐसे मंदिर हैं, जिनके बारे में कहा जाता है कि वे अशोक द्वारा बनवाए गए।

नेपाली जनश्रुति के अनुसार उसकी राजधानी पाटन का निर्माण भी अशोक ने ही करवाया था। उसने पाटन के चारों ओर अनेक स्तूप बनवाए, जिनमें से कुछ तो अब भी विद्यमान हैं।

कहते हैं कि अशोक इस यात्रा में अपनी पुत्री चारुमती को भी ले गया था। चारुमती के पति देवपाल ने इच्छा प्रकट की कि वह वहीं बसना चाहता है। तब वहाँ चारूमती ने अपने पति के नाम पर 'देवपत्तन' नामक नगर बसाया।

नेपाल में ही निग्लीव नामक स्थान पर एक स्तंभलेख मिला, जिसका आशय निम्नलिखित है—

"देवताओं के प्रिय प्रियदर्शी राजा अशोक ने अभिषेक के चौदह

वर्ष बाद कोणाकमन बुद्ध के स्तूप का आकार दुगना कराया और अभिषेक के बीस वर्ष बाद स्वयं आकर पूजा की तथा शिलास्तंभ लगवाया।''

विदेशों में धर्म-प्रचार

महावंश के अनुसार बौद्ध धर्म के आचार्यों ने बड़ी लगन व उत्साह से बौद्ध धर्म के प्रचार में योगदान दिया। पाटलिपुत्र में उपगुप्त की अध्यक्षता में बौद्ध धर्म की तीसरी महासभा की गई। इसी सभा के बाद थीरो धर्मप्रचार के लिए अन्यान्य स्थानों पर भेजे गए।

विभिन्न साक्ष्यों के आधार पर कह सकते हैं कि मज्झांतिक, महारक्षित, महादेव, मज्जहिमा, रक्षित, सोन व उत्तरा, महेंद्र, धर्मरक्षित आदि को धर्मप्रचार के लिए भेजा गया।

महावंश में लिखा है कि उस समय कश्मीर व गंधार में अरावली नामक राजा का राज था। उस नागराज के पास यह विशेष शक्ति थी कि वह वेगवान जलप्रलय से कश्मीर व गंधार की कृषि नष्ट कर सकता था। प्रजा में उसका भारी आतंक छाया था।

थीरो मज्झांतिक वायुमार्ग द्वारा अरावला झील में उतरा। वह समाधि लगाकर पानी की सतह पर बैठ गया। जब यह समाचार नागराज को मिला तो नागराज का क्रोध बरस पड़ा। उसने थीरो को आतंकित करने का हरसंभव प्रयास किया। नाग कई भयानक रूप धरकर सामने आने लगे। नागराज स्वयं आकर अपने मुख से धुआँ व आग उगलने लगा, परंतु थीरो ने अपनी अलौकिक शक्तियों से सभी दुष्कर्मों का नाश कर दिया, फिर उसने कहा, ''हे नागराज, चाहे तुम मुझे भयभीत करने के लिए संसार के सारे सागर व पर्वतों को मुझ पर गिरा दो तो भी तुम सफल नहीं हो सकते। नागराज! प्रजा की फसल को नष्ट मत करो।''

ये शब्द सुनकर नागराज शांत हो गया, फिर उसने थीरो के मुख से धर्म के सिद्धांत सुने और मोक्ष पाया। वहाँ अनेक यक्ष, गंधर्व, नाग व कुंभकों ने भी बौद्ध धर्म ग्रहण किया।

'पंचक' नाम यक्ष ने पाँच सौ व्यक्तियों सहित बौद्ध धर्म की दीक्षा ली और अपने पुत्रों को उपदेश दिया—"पहले की भाँति अहंकार व क्रोध के साथ मत रहना। लोगों की फसलें मत उजाड़ना। सबके सुख व कल्याण का चिंतन करना। मानव मात्र की रक्षा में शेष जीवन बिताना।"

नागराज ने थीरो को आदरपूर्वक सिंहासन दिया और स्वयं उसकी सेवा में हाजिर हो गया। तब सारा वृत्तांत जानकर प्रजा भी थीरो के लिए उपहार लाने लगी। तब से आज तक कश्मीर व गंधारवासी बुद्ध धर्म व संघ के प्रति आस्था-श्रद्धा रखते हैं तथा वहाँ पीत वस्त्रों में सजे भिक्षु देखे जा सकते हैं।

इस प्रकार 'महावंश' विभिन्न स्थानों में धर्म-प्रचार के लिए गए धर्मप्रचारकों का विवरण देता है। जिनमें से अनेक के साथ रोचक व्याख्यान भी जुड़े हैं।

कहते हैं कि आचार्य क्षोण व उत्तर सुवर्णभूमि गया। वहाँ उन दिनों एक जल पिशाचिनी का आतंक था। वह जन्म लेनेवाले हर शिशु को निगल जाती। धर्मप्रचारक दल को भी प्रजा ने उसका सेवक जाना व उन्हें मारने को दौड़े, किंतु तभी राक्षसी भी प्रकट हो गई। थीरो की अलौकिक सेना उसका सामना करने को तैयार थी। उसकी सेना राक्षसी की सेना से दुगनी थी। देखते-ही-देखते राक्षसी भाग गई। फिर थीरो ने प्रजा के बीच धर्म का प्रचार किया व असंख्य लोगों ने बौद्ध धर्म ग्रहण किया।

गाथाओं में दिए गए कई स्थानों के नाम कल्पना मात्र नहीं हैं। इन गाथाओं में इतिहास के कई सूत्र बिखरे हैं। अनेक तिब्बती व चीनी बौद्ध ग्रंथ भी मानते हैं कि मज्झांतिक ने धर्म का प्रचार-प्रसार किया। ह्वेनसांग ने भी लिखा है कि उस काल में बौद्ध धर्म का प्रचार हुआ—

"प्राचीन काल में जब भगवान् बुद्ध एक राक्षस को पराजित कर लौट रहे थे तो वे वायुमार्ग से कश्मीर गए। वहाँ उन्होंने आनंद को संबोधित करते हुए कहा, 'यहाँ पर मेरे निर्वाण के बाद मज्झांतिक बौद्ध धर्म का प्रचार करेगा'।"

महेंद्र का लंका गमन

ऐतिहासिक साक्ष्यों, शिलालेखों और जनश्रुतियों के बीच पूरा साम्य न होने पर भी यह भी स्पष्ट ही है कि अशोक के लंका से काफी समय से संबंध चले जा रहे थे। चट्टान लेख 2 के अनुसार, उन्होंने लंका को भी उन देशों की सूची में शामिल किया था, जहाँ मनुष्य व पशुओं के चिकित्सा संबंधी प्रबंधों के अतिरिक्त अनेक लोकोपकारी कार्य किए जाने थे। अशोक की 'धर्म विजय' योजना में भी लंका शामिल थी। लंका से उसके मधुर संबंध थे। संभवत: तभी महेंद्र को वहाँ भेजे जाने का प्रसंग आया होगा।

अशोक के पुत्र व पुत्री के अतिरिक्त कुछ अन्य संबंधी भी धर्म-प्रसार के लिए लंका गए। संघमित्रा ने महिलाओं को भिक्षुणी बनाने के लिए दीक्षा दी। तत्पश्चात् बोधिवृक्ष की शाखा भी लंका भेजी गई।

महावंश की गाथा कहती है कि लंका और अशोक के बीच मित्रता का सूत्रपात्र तो हो चुका था किंतु लंका के राजा देवानांप्रिय तिष्य ने पहले-पहल अपने चार दूतों सहित अशोक को अमूल्य रत्न-उपहार भिजवाए। वे लोग एक सप्ताह में ताम्रलिप्ति पहुँचे, फिर एक सप्ताह की यात्रा के बाद पाटलिपुत्र आए। वहाँ उन्होंने धम्माशोक को रत्नों की भेंट दी।

सम्राट् अशोक ने उन दूतों को राजकीय पदों से सम्मानित करने के बाद लंका के राजा को अनेक बहुमूल्य वस्तुएँ भेजीं। दूतों ने लगभग पाँच माह तक समय बिताने के बाद लंका लौटने का कार्यक्रम बनाया।

इसके बाद 'महावंश' में महेंद्र के लंकागमन का उल्लेख आता है। कहते हैं कि अशोक ने अलौकिक शक्ति के माध्यम से जंबूद्वीप में स्थापित विहारों को देखकर आचार्य से पूछा, "भदंत! प्रभु के बाद से अब तक महादानी कौन है?"

मोगलिपुत्र बोले, "आप तो प्रभु के काल में भी सर्वदानी थे।"

"तो क्या मैं बुद्ध के शासन के योग्य हो सकता हूँ?" अशोक ने पूछा।

अशोक के इस प्रश्न पर आचार्य कुछ क्षण मौन ही रहे। उन्हें महेंद्र व संघमित्रा का ध्यान आया, जोकि धर्म के प्रचार के लिए सर्वोत्तम माध्यम थे और पूरी तरह से सहायक भी।

वे बोले, ''राजन, तुम महान् हो, किंतु जो व्यक्ति अपने पुत्र व पुत्री को प्रवज्या ग्रहण कराने की क्षमता रखता हो, वही धर्मशासन के योग्य माना जा सकता है।''

अशोक ने महेंद्र और संघमित्रा को बौद्ध धर्म में भिक्षु और भिक्षुणी बनने की अनुमति दे दी। उस समय महेंद्र बीस वर्ष का था तथा संघमित्रा की आयु अठारह वर्ष थी। 'महावंश' कहता है कि कुछ ही समय में दोनों अर्हंत पद को प्राप्त हुए।

फिर महेंद्र ने पिता की आज्ञा से लंका जाने का विचार बनाया। देवताओं के राजा इंद्र ने आकर उससे कहा, ''लंका में धर्म प्रचार के लिए जाओ। उस भविष्यवाणी को पूरा करने का समय आ गया है, जो भगवान् बुद्ध ने बोधिवृक्ष के नीचे की थी। वहाँ तुम्हें हमारी भी सहायता मिलेगी।''

महेंद्र की मौसी का लड़का बंधु भी बौद्ध बन गया। वह महेंद्र का शिष्य भी बना। महेंद्र, सुमन, बंधु और अन्य चार थीरो आकाश मार्ग से लंका जा पहुँचे। वे मिस्सा पर्वत की अंबापलो चोटी पर उतरे।

उस समय राजा एक त्योहार मना रहा था। त्योहार मनाने के बाद वह भी आखेट के लिए मिस्सा पर्वत के पास आ गया। पर्वतदेव की इच्छा थी कि धर्मप्रचारकों का राजा से मेल करवा दिया जाए। वह एक हिरण के रूप में पहले राजा के सम्मुख गया। जब राजा उसका पीछा करते-करते थीरो के पास पहुँचा तो वह ओझल हो गया।

राजा ने थीरो और प्रचारक मंडल को देखा तो भयभीत हो गया, किंतु उनका सही परिचय पाने पर तो उसकी प्रसन्नता का ठिकाना न रहा। वे तो उसके धम्माशोक के ही आदमी थे। उसने थीरो से पूछा, ''क्या जंबूद्वीप में ऐसे और भी भिक्षुगण हैं?''

थीरो ने कहा, ''राजन! जंबूद्वीप तो पीत वस्त्रों से प्रकाशमान है।''

फिर जब राजा ने थीरो से कई प्रश्नों के उत्तर पा लिये तो थीरो ने पूछा, ''राजा! इस पेड़ का क्या नाम है?''

''यह अंबो का पेड़ कहलाता है।''

''क्या इसके अतिरिक्त भी कोई अंबो का वृक्ष है?''

''बहुत से अंबो के पेड़ हैं।''

''इस अंबो तथा अन्य अंबो के अतिरिक्त क्या और भी पेड़ पृथ्वी पर हैं?''

''भद्र! अंबो के अतिरिक्त अन्य कई पेड़ हैं।''

नरपति—''तुम ज्ञानी हो।''

राजा—''क्या तुम्हारे संबंधी है।''

भद्र—''कई हैं।''

''क्या तुम्हारे संबंधियों के अतिरिक्त अन्य लोग भी हैं।''

''बहुत से मेरे संबंधी नहीं हैं।''

''तुम्हारे संबंधियों को छोड़कर तथा जो तुम्हारे संबंधी नहीं है, उन्हें छोड़कर क्या और भी कोई प्राणी हैं?''

''भ्रद! मैं स्वयं हूँ।''

''साधु, तुम ज्ञानी हो।''

(—देवानांप्रिय राजा अशोक, भगवती प्रसाद पांथटी से साभार)

आगे 'महावंश' कहता है कि महेंद्र ने उसे बुद्ध का धर्म समझाकर दीक्षा दी। सुमन ने अपनी अलौकिक शक्ति से धर्म घोष को पूरी लंका में प्रतिध्वनित किया। यह घोष सुनकर स्वर्ग के देवों ने भी जयघोष किया।

''थीरो को सम्मानपूर्वक राजा के महल में जिमाया गया। इसके बाद राजा के छोटे भाई की स्त्री अबुला पाँच सौ स्त्रियों सहित वहाँ आई। वह भी बुद्ध के धर्म के बारे में सुनने लगी। महल के बाहर शोर होने लगा। पता चला कि प्रजा भीतर आना चाहती है, किंतु जगह नहीं थी। राजा ने शाही गजशाला को ठीक करवाने का आदेश दिया। थीरो ने वहीं प्रजाजन

से भेंट की। एक हजार लोगों ने उसी समय धर्म की प्रवज्या ले ली। इस प्रकार महेंद्र ने लंका का दीपक बनकर वहाँ धर्मरूपी प्रकाश फैला दिया।''

—*महावंश*

स्त्रियों द्वारा बौद्ध धर्म की दीक्षा

अबुला सहित लंका की अनेक स्त्रियाँ भी बौद्ध धर्म में दीक्षित होना चाहती थीं। थीरो ने कहा, ''क्षमा करें, मैं चाहकर भी आपको संघ में दीक्षित नहीं कर सकता। यह कार्य तो कोई बौद्ध भिक्षुणी ही कर सकती है।''

फिर उसने राजा से कहा, ''राजन, पाटलिपुत्र में मेरी बहन संघमित्रा बौद्ध भिक्षुणी है। आप मेरे पिता को पत्र लिखें कि वे संघमित्रा को बोधिवृक्ष की शाखा सहित यहाँ भेज दें। थेरी के आने से ही लंका की स्त्रियाँ बौद्ध भिक्षुणियाँ बन पाएँगी।''

आगे महावंश में लिखा है कि जब अशोक के पास यह समाचार पहुँचा तो उसे संघमित्रा से वियोग का दुःख तो हुआ, किंतु धर्म के प्रचार के लिए सबकुछ करने को तैयार था। संघमित्रा ने भी तैयारी में विलंब नहीं किया। वह बोधिवृक्ष की शाखा और अन्य व्यक्तियों सहित लंका रवाना हो गई।

वहाँ उसने स्त्रियों को भिक्षुणी बनने के लिए दीक्षा दी। संघमित्रा के निवास के लिए तिष्य ने जो निवासगृह बनवाया था, उसी गृह में संघमित्रा मृत्युपर्यंत रही। उसने 79 वर्ष की आयु में प्राण त्यागे।

तथागत के अवशेषों को लंका ले जाना

जब महेंद्र लंका में था तो वहाँ के राजा ने यह इच्छा प्रकट की कि बोधिवृक्ष की शाखा तो स्थापित हो ही गई है, यदि तथागत के अवशेष भी यहाँ आ सकें तो कितना अच्छा हो!

इस विषय में 'महावंश' में लिखा है—

राजा ने सुमन से कहा, ‘‘भद्र! पाटलिपुत्र जाकर मेरे मित्र राजा से कहना कि तुम्हारा मित्र देवानांप्रिय तिष्य एक अशोक स्तूप बनवाना चाहता है। तुम्हारे पास शाक्य मुनि के अनेक अवशेष हैं, यदि तुम उसमें से कुछ अवशेष तथा प्रभु का भोजन करने का पात्र मुझे दे सको तो तुम्हारी बड़ी कृपा जानूँगा।’’

सुमन ने अशोक को उसके मित्र का संदेश दिया तो अशोक ने भी वे अवशेष देने में कोई देरी नहीं की। इस प्रकार तथागत के अवशेषों का कुछ अंश लंका के बौद्ध अनुयायियों तक पहुँच गया।

□

विमाता का षड्यंत्र

इतिहास के अनेक साक्ष्यों से प्रमाण मिलता है कि अशोक की पाँच रानियाँ थीं। आप विदिशा के बारे में तो जान ही चुके हैं। वे पाटलिपुत्र से बाहर विदिशा में ही निवास करती थीं। उनका जन्म शाक्य कुल में हुआ था। वे एक नगर श्रेष्ठी की पुत्री थीं।

उन्हीं की दो संतानों—महेंद्र व संघमित्रा—ने महाराज अशोक के साथ मिलकर बौद्ध धर्म के प्रचार-प्रसार में योगदान दिया। उनके अतिरिक्त महाराज की चार और रानियाँ थीं—कारुवाकी, असंधिमित्रा, पद्मावती व तिष्यरक्षिता। यद्यपि इन रानियों के नामों के संबंध में इतिहासकार मतैक्य नहीं हैं, किंतु इस प्रसंग से एक भ्रष्ट रानी के रूप का परिचय मिलता है, जो वास्तव में घृणित है।

माना जाता है कि अशोक की रानी पद्मावती ने जब एक पुत्र को जन्म दिया तो अशोक ने उसका नाम रखा 'धर्मविवर्द्धन'। 'दिव्यावदान' नामक ग्रंथ के अनुसार उस नवजात के सुंदर नेत्रों से अभिभूत होकर मंत्रियों ने कहा, ''महाराज, इस बालक के नेत्र तो हिमालय के कुणाल पक्षी की भाँति हैं। आप इसका नाम कुणाल ही क्यों नहीं रख देते?''

इस प्रकार उस बालक का नाम 'कुणाल' रखा गया। कुणाल की माँ के स्वर्गवास के बाद अशोक ने तिष्यरक्षिता से विवाह रचाया, जो उसकी माँ की प्रधान परिचारिका थी।

बौद्ध ग्रंथों में तिष्यरक्षिता को विधर्मी व भ्रष्ट नारी के रूप में वर्णित

किया गया है। 'महावंश' में फाहचान अशोक की रानी द्वारा बोधिवृक्ष को काटे जाने की किंवदंती का उल्लेख करते हुए कहता है कि जब अशोक ने तिष्यरक्षिता से विवाह कर लिया तो एक दिन रानी ने पूछा, 'महाराज आप प्रतिदिन कहाँ जाते हैं?' अशोक बौद्ध होने के बाद से प्रतिदिन अपना काफी समय बोधिवृक्ष के पास ही बिताता था। विद्वेषी रानी ने बोधिवृक्ष को ही कटवाने का आदेश दे दिया। अशोक यह समाचार सह न सका और मूर्च्छित हो गया। जब सुध लौटी तो उसने सबसे पहले बोधिवृक्ष के चारों ओर ईंटों की दीवारें बनवाकर उसकी सुरक्षा का प्रबंध किया।

इन गाथाओं में कल्पना व इतिहास का मिश्रण मिलता है, अत: इन्हें सत्यता की कसौटी पर कसना थोड़ा कठिन हो जाता है, किंतु तिष्यरक्षिता के संबंध में जो दूसरा प्रसंग मिलता है, वह उसके व्यवहार तथा चरित्र को देखते हुए सत्य ही जान पड़ता है।

कुणाल नवयुवक था। वह रानी तिष्यरक्षिता को माँ के समान ही पूजनीय मानता था। रानी कुणाल से प्रणय निवेदन करना चाहती थी, किंतु कुणाल ने इसका घोर विरोध किया। वह रानी को एक माँ के रूप में ही मान देता रहा। इस अप्रिय प्रसंग से बचने के लिए वह सपत्नी दूसरे स्थान पर चला गया, किंतु तिष्यरक्षिता अपने अपमान से तिलमिला रही थी। कुणाल ने उसका प्रस्ताव ठुकराकर उसके भीतर छिपे शैतान को जगा दिया था। वह उससे प्रतिशोध लेना चाहती थी।

कुणाल अपनी पत्नी कंचनमाना के साथ सुखद वैवाहिक जीवन व्यतीत कर रहा था। उन्हीं दिनों तक्षशिला में विद्रोह भड़क गया। सम्राट् अशोक ने कुणाल को वहाँ भेजा। कुणाल ने शीघ्र ही विद्रोह को शांत कर दिया। स्पष्ट हो गया कि प्रजा साम्राज्य के विरुद्ध नहीं थी।

स्थानीय अमात्यों के कारण ही प्रजा विद्रोह के लिए उतारू हुई थी। सम्राट् अशोक की आज्ञा से कुणाल वहाँ के राजपाल के रूप में कार्य करने लगा। वास्तव में यह आदेश उसके लिए सुखकर भी था। राजधानी में उसे न चाहने पर भी महारानी तिष्यरक्षिता के सामने जाना पड़ता था और उसे

देखते ही उसके मन में तीव्र घृणा उमड़ आती। भला एक माँ, चाहे सौतेली ही क्यों न हो, अपने पुत्र से प्रणय संबंध कैसे स्थापित कर सकती है?

इस प्रकार कुणाल तक्षशिला में कुछ समय तक शांतिपूर्वक रहा। इसी दौरान राजधानी में सम्राट् रोगशय्या पर पड़ गए। रानी तिष्यरक्षिता ने अपनी एक योजना के अनुसार महाराज की भरपूर सेवा की। उन्हें विश्वास दिला दिया कि वे राज-काज सँभालने के लिए असमर्थ हैं। उसने कहा, "महाराज, यदि आप अन्यथा न लें तो आपके पूरी तरह स्वस्थ होने तक राज-काज का भार मैं देख लूँगी। मैं नहीं चाहती कि मंत्री व अमात्यगण छोटे-छोटे कार्यों के लिए भी आपके विश्राम में बाधा दें। अतः आप अपनी राजमुद्रा मुझे सौंप दें।"

सम्राट् अशोक ने रानी की बात का मन रखते हुए एक सप्ताह के लिए साम्राज्य का सूत्र उसे सौंप दिया। तिष्यरक्षिता को मनमानी करने का अवसर मिल गया। उसने अपने विश्वस्त कर्मचारियों को बुलवाकर तक्षशिला के मंत्रियों के नाम लेख लिखवाया—

"कुमार कुणाल ने ऐसा घोर अपराध किया है कि उसके नेत्र निकाल दिए जाएँ।"

फिर तिष्य ने उस पर राजमुद्रा अंकित की और पत्र को संदेशवाहक के हाथों तक्षशिला भिजवा दिया।

राजा के आदेश को तक्षशिला पहुँचने में अधिक समय नहीं लगा। उसमें लिखा था कि कुणाल को नेत्रहीन कर तक्षशिला के शासक पद से च्युत कर दिया जाए।

सभी अमात्यगण यह संदेश पढ़कर हतप्रभ हो उठे। किसी का भी साहस नहीं हुआ कि वह कुमार की आँखें निकाल सके । कुणाल तक भी यह संदेश पहुँच गया। उसने संदेश पढ़ा। वह विस्मित तो हुआ, किंतु पितृभक्त कुणाल ने पिता की आज्ञा को ही शिरोधार्य करने का निश्चय किया। कुणाल ने अपने राजकर्मियों से कहा कि वे सम्राट् की आज्ञा का पालन करें, किंतु उनमें से कोई आगे नहीं आया। किसी में भी ऐसा

अमानवीय कार्य करने का दुस्साहस न था।

अतत: कुणाल ने एक बधिक को बुलवाया और आदेश दिया— "गरम सलाखों से मेरे नेत्र निकाल दो।"

कुणाल जैसी पुण्यात्मा पर ऐसा घोर अत्याचार करने के लिए बधिक भी तैयार न हुआ। तब कुणाल ने स्वयं ही अपने नेत्रों में गरम सलाखें घुसा दीं। आँखों से रक्त बहने लगा व नेत्रज्योति सदा के लिए विलीन हो गई।

तिष्यरक्षिता का प्रतिशोध पूरा हो गया। वासना की अंधी रानी ने पुत्र समान कुणाल के जीवन में हमेशा के लिए अँधेरा कर दिया। कुणाल व उसकी पत्नी राह में भीख माँगते, घूमते-फिरते पाटलिपुत्र की ओर चल पड़े। उनके पास कोई साधन न था।

एक बार रात के अंतिम प्रहर में अशोक ने बाँसुरी पर दर्द भरी तान सुनी तो उसने बाँसुरीवादक को बुलवा भेजा। वह अपने कुणाल को ऐसी दीन-हीन अवस्था में देख स्तब्ध रह गया।

तब कुणाल की पत्नी से उसे पता चला कि उसके आदेश पर ही कुणाल की यह दशा हुई है। सम्राट् ने उन्हें भोजन करवाकर विश्रामगृह में भेजा और सत्यता का पता लगाने को कहा।

कुछ ही समय में पता चल गया कि यह सारी करतूत तिष्यरक्षिता की थी। जो अपने प्रेम का प्रतिदान न मिलने पर कुणाल के सुखी जीवन को डस गई थी। सम्राट् ने उसे और उसके सहायकों को मौत के घाट उतारने में जरा भी देर नहीं की। चीनीयात्री हुआन-च्वांग के लेखों से पता चलता है कि जहाँ कुणाल ने अपनी आँखें फोड़ी थीं, वहाँ बाद में अशोक ने एक स्तूप का निर्माण करवाया।

जैनश्रुतियाँ भी कुणाल के नेत्रहीन होने की पुष्टि करती हैं, केवल कथा में अंतर है। उसके अनुसार, जब कुणाल उज्जयिनी का शासक था। तब राजा ने अमात्यों को संदेश भेजा कि उसे अच्छी तरह पढ़वाया जाए।

इधर वह संदेश जाने से पहले तिष्यरक्षिता के हाथ लग गया। उसने उसकी भाषा में कुछ ऐसा फेरबदल किया कि अर्थ का अनर्थ हो गया।

सम्राट् के आदेश में एक शब्द था 'अधीचऊ' अर्थात् 'अध्ययन'। रानी ने उस शब्द पर बिंदी लगाकर उसे 'अंधीचऊ' बना दिया। जिसका अर्थ था 'अंधा' अर्थात् अंधा कर दिया जाए।

तब कुणाल ने स्वयं इस आदेश का पालन करते हुए अपनी आँखें निकलवा दीं।

□

अशोक का प्रशासन

"सब मनुष्य मेरी प्रजा हैं। जिस प्रकार मैं अपनी संतान के लिए यह चाहता हूँ कि वे हित और सुख—इहलौकिक व पारलौकिक प्राप्त करें। उसी प्रकार मैं सब मनुष्य के लिए भी कामना करता हूँ।"

सम्राट् अशोक के विषय में कहा जाता है कि वह बहुत ही संयत भाव से अपनी प्रजा का हित–साधन करता था। उसका मानना था कि यदि राजा प्रमादी हो तो कर्मचारीगण भी प्रमादी हो जाते हैं। अत: वह इस विषय में विशेष सावधानी रखता था। विस्तृत साम्राज्य की सीमाएँ सुदूर स्थानों तक फैली थीं।

शिलालेखों से पता चलता है कि अशोक अपनी प्रजा से प्रत्यक्ष संपर्क बनाए रखने के लिए अनेक यात्राएँ और धर्मयात्राएँ करता था। वह एक उत्तरदायी सम्राट् था, अत: उसने शासन के निरीक्षण के लिए महामंत्री को नियुक्त किया। एक शिलालेख में वह कहता है, "नगर व्यावहारिक तथा महामात्र नित्य इस कार्य का उपक्रम करते रहें कि बिना किसी कारण के मनुष्यों को बंधन में न रखा जाए। न ही उन्हें कष्ट दिया जाए। प्रत्येक पाँच वर्ष में मैं एक महामात्र को नियत करूँगा, जो कार्य करने में न तो कठोर होगा, न ही क्रूर; किंतु जो धीरता से कार्य करेगा, क्यों? इसलिए कि शासनकर्तागण इस बात का विचार रखें कि मेरी आज्ञा अथवा अनुमति के अनुसार कार्य कर रहे हैं या नहीं।

"जब ये महामात्र दौरे पर जाएँ, तब वे अपने कर्तव्य को निभाते हुए इस बात का भी निश्चय करें कि शासक वर्ग सम्राट् के अनुशासन का पालन कर रहा है या नहीं!"

अशोक अपने कर्मचारियों के कार्यों पर भी पैनी नजर रखता था। एक बार उसे समाचार प्राप्त हुआ कि तोषाली के व्यावहारिकों ने निरपराध प्रजा पर अत्याचार किया था तो सम्राट् ने उन्हें प्रताड़ित करते हुए कहा, "तुमने मेरे शब्दों का तात्पर्य नहीं समझा, सारी प्रजा मेरी संतान के समान है। उनके कल्याण की शुभेच्छा ही मेरी एकमात्र अभिलाषा है। तुम स्वयं को द्वेष, ईर्ष्या, आलस्य व असहिष्णुता से बचाते हुए प्रशस्ति, प्रशांति, क्षमाशीलता आदि गुण ग्रहण करो।"

सम्राट् के मन में सदा अपनी प्रजा के कल्याण का ही विचार रहता था। उसने लिखवाया, "जो कुछ भी कार्य मैं करता हूँ, वह किसलिए? इसलिए कि मैं प्रजावर्ग के ऋण से उऋण हो सकूँ, जिससे मैं उन्हें इस लोक में सुखी करूँ और वे परलोक में स्वर्ग पा सकें। इसी हेतु यह धर्मलिपि लिखवाई, जो चिरस्थायी हो।"

सम्राट् की तो यह भी इच्छा थी कि उसके पुत्र-पौत्र भी इसी प्रकार प्रजा के कल्याण के लिए उद्योग व परिश्रम करें।

अशोक ने न केवल बौद्ध धर्म के प्रचार का महती कार्य किया, अपितु एक सुदृढ़ शासन व्यवस्था भी कायम की। उसने मौर्य साम्राज्य को विभिन्न प्रांतों में बाँटा। जो प्रांत विशेष महत्त्व रखते थे, वहाँ राजपरिवार के सदस्यों को ही शासक के रूप में नियुक्त किया जाता था; जैसे गांधार, कलिंग, उज्जैन व दक्षिणी प्रांत आदि।

अशोक ने 'रज्जुकों' की नियुक्ति की थी। इस विषय में एक शिलालेख में लिखा था, "जिस प्रकार कोई व्यक्ति अपने बच्चे को प्रवीण धाय को सौंपकर निश्चिंत हो जाता है कि प्रवीण धाय मेरे बच्चे का अच्छी प्रकार से पालन करेगी, उसी प्रकार मैंने प्रजा के पालन, सुख व हित के लिए रज्जुकों को नियुक्त किया है।

"मैंने रज्जुकों को स्वतंत्रता प्रदान की है, ताकि वे भय-रहित, संदेह-रहित और भ्रांति-रहित हों तथा अपने कार्य में लगें एवं न्याय व शासन-कार्य करें।"

उसने 'पुरुषों' की भी नियुक्ति की। ये पुरुष जीते गए राज्य में धर्म का प्रचार करते थे।

"जो लोग सम्राट् की रक्षा व अनुशासन को जानते हैं, वे पुरुषों की आज्ञा का पालन करेंगे। वे अर्थात् पुरुष जनपद के लोगों को उत्साह देकर रज्जुकों को धर्म व राजा के प्रति कर्तव्यनिष्ठ होने में उत्साहित करेंगे।"

एक शिलालेख में 'परिषद्' का नामोल्लेख आता है।

"मित्रों के प्रति उदारहस्त होना श्लाघनीय है। परिचित लोगों, संबंधियों, ब्राह्मणों व श्रमणों के प्रति दानशील होना प्रशंसनीय है। जीवों की हिंसा न करना प्रशंसनीय है; बहुत व्यय न करना व बहुत संचय न करना अच्छा है। परिषद् भी मुक्त को मेरे धर्मानुशासक के अर्थ व अभिप्राय के अनुसार जाँच करने की आज्ञा देगी।"

कौटिल्य 'अर्थशास्त्र' में भी 'परिषद्' का उल्लेख आता है। वहाँ इसका आशय मंत्रीपरिषद् से था—

"इस परिषद् का काम था, जो कार्य आरंभ न हुआ हो, उसे आरंभ करे, जो आरंभ हो चुका हो, उसे पूरा करें और जो पूरा हो चुका हो, उसे सुधार करे और राज्य के कर्मचारियों को अनुशासन का पालन करने के लिए तत्पर करे।"

अशोक ने दौरे की व्यवस्था की जाती थी। पहले-पहल राजा केवल मृगया या विहार के लिए जाते थे, किंतु अशोक ने संबोधि के अनुसरण के बाद से धर्मयात्राओं को प्रारंभ किया। ब्राह्मणों व श्रमणों को दान, धर्म का उपदेश व धर्म-संबंधी चर्चा के साथ-साथ यह भी जाँच हो जाती थी कि सभी राजकर्मचारी सही तरीके से अपने धर्म का पालन कर रहे हैं या नहीं।

अशोक ने प्रतिवेदकों का प्रबंध किया। एक शिलालेख कहता है—

"मैंने प्रबंध किया है कि हर समय, चाहे मैं रवाना होऊँ अथवा अंत:पुर में रहूँ, शर्मगार में होऊँ, टहलता रहूँ, सवारी पर होऊँ या कूच कर रहा होऊँ; सभी जगह किसी भी समय पर प्रतिवेदक मुझे प्रजा का हाल सुनाए।"

"राज्याभिषेक के बारहवें वर्ष में मैंने यह आज्ञा दी कि मेरे राज्य में सभी जगह युक्त, राज्जुक और प्रादेशिक बारी-बारी से पाँच-पाँच वर्ष पर अन्य कामों के अलावा इस काम के लिए दौरे पर जाएँ।"

सम्राट् ने दंड विधान में भी काफी परिवर्तन किए, जिसके संकेत शिलालेखों में प्राप्त होते हैं—

"वे मनुष्य जो बंधन में हैं, जिनका पहले ही न्याय हो चुका है। जिन्हें प्राणदंड की सजा मिल चुकी है, उनको मैंने तीन दिन का विश्राम स्वीकृत किया है। इन तीन दिनों के भीतर उनके संबंधी रज्जुक को फिर से न्याय करने पर जोर देंगे। यदि कोई रज्जुक से अपील करनेवाला न हो तो वे कैदी दान देंगे अथवा उपवास करेंगे, जिससे वे स्वर्ग को प्राप्त हो सकें, क्योंकि मेरी इच्छा है कि वे फाँसी होने के बाद दूसरे लोक को प्राप्त हो सकें।"

कलिंग शिलालेख में भी अशोक ने राजकर्मचारियों को निर्देश दिया कि उन्हें दंड देते समय मध्यमार्ग अपनाना चाहिए।

अशोक के शासनकाल में संपूर्ण शांति व्यवस्था कायम थी। विदेशों से व्यापार के अच्छे माध्यम थे। अशोक ने लोगों को आडंबरपूर्ण जीवन से ऊपर उठकर मानवता का धर्म अर्थात् प्रेम व विश्व-बंधुत्व के आधार पर बने धर्म का पालन करने को कहा। यद्यपि उसने कभी किसी को अपना धर्म छोड़ने के लिए बाध्य नहीं किया। उसमें धार्मिक सहिष्णुता थी। वह अपने धर्मों के अलावा दूसरे धर्मों को भी पूरा आदर-मान देता था।

उसने प्रजा की सुख-सुविधा के लिए सड़कें बनवाईं, कुएँ खुदवाए और सड़कों के किनारे छायादार वृक्ष लगवाए। उसने पशु-पक्षियों के हितों की भी रक्षा की। उसके राज्यादेश से पशु-वध बंद करवा दिया

गया। घायल व रोगी पशु-पक्षियों के लिए चिकित्सालय बनवाए गए।

निर्धनों के लिए निःशुल्क चिकित्सा का प्रबंध किया गया। कई ऐसे चिकित्सालय भी बनवाए गए, जहाँ महिला चिकित्सक ही रोगी महिलाओं की चिकित्सा करती थीं। स्थान-स्थान पर बनवाए गए बगीचों में औषधयुक्त पौधे लगवाए। सड़कों के किनारे आठ-आठ कोस पर धर्मशालाएँ बनवाई गईं, ताकि वहाँ से आते-जाते यात्री रात्रि-विश्राम कर सकें।

केवल आमोद-प्रमोद के लिए होनेवाले शिकार को बंद करवा दिया गया। यज्ञ में पशु-बलि पर रोक लगा दी गई। पहले शाही पाकशाला में प्रतिदिन कई प्रकार के मांसाहारी व्यंजन पकते थे। सम्राट् ने उन सभी पर रोक लगा दी।

अशोक ने कर-प्रथा के विषय में भी अलग तरह से नीति बनाई थी। उस समय 'बलि' व 'भाग' नामक कर प्रचलन में थे। अशोक जब राज्याभिषिक्त होने के 20वें साल में शाक्यमुनि भगवान् बुद्ध के जन्मस्थल लुंबिनी वन के दर्शन करने गया। वहाँ पहले उसने देव-स्थल का पूजन किया, तत्पश्चात् एक स्तंभ स्थापित करवाने के अतिरिक्त शेर की प्रतिमूर्ति से अंकित शिला बनवाई। तभी उसे पता चला कि वहाँ के ग्रामवासियों से धार्मिक कर 'बलि' लिया जाता है। उसने उन्हें उस कर से मुक्त घोषित कर दिया। वहाँ के कृषकों से केवल 'भाग' नामक कर लिया जाता था, जोकि उनकी कृषि उपज का आठवाँ भाग होता था। लुंबिनी में इस कर में भी थोड़ी छूट दी गई।

निस्संदेह सम्राट् अशोक की शासन व्यवस्था का मूल ध्येय एक ही था—प्रजा का हित-साधन और उसका कल्याण। एक शिलालेख में उसने लिखवाया—

"शायद मेरे अविजित अंशों को यह जिज्ञासा हो सकती है कि हम लोगों के विषय में राजा की क्या इच्छा है? मेरी इच्छा है कि वे जानें कि देवानांप्रिय की इच्छा है कि वे मुझसे आश्वस्त हों। सुख प्राप्त करें, दुःख नहीं।"

"...उन्हें आश्वासन दिया जाना चाहिए, जिससे वे जानें—जैसे पिता, वैसे देवानांप्रिय हमारे लिए। देवानांप्रिय हमसे वैसा ही प्रेम करते हैं, जैसे अपने से। वे हम पर वैसी ही अनुकंपा करते हैं, जैसी अपनी संतान पर।"

अशोक ने अपने काल में 'भेरी घोष' के स्थान पर धर्मघोष को प्रश्रय दिया तथा यह इच्छा भी प्रकट कर दी, "मेरे पुत्र व पौत्र शस्त्र विजय करना अपना कर्तव्य न समझें।"

□

अशोककालीन कला व शिल्प

कला मानव हृदय की सुंदर अनुभूतियों का प्रकटीकरण होती है। वह उसके भावों को मूर्त रूप प्रदान करती है। मनुष्य कला के विविध रूपों के माध्यम से ही अपनी भावनाएँ अभिव्यक्त कर पाता है।

किसी भी देश, जाति अथवा काल की कला से उसकी उन्नति व प्रगति का परिचय मिलता है। अशोक भी कला का महान् प्रेमी था। उसके द्वारा बनवाए गए असंख्य स्तूपों, प्रासादों, नगरों तथा विहारों से उसकी यथेष्ट कलाप्रियता का परिचय मिलता है।

'महावंश' के अनुसार अशोक ने मोग्लिपुत्र तिस्स से प्रश्न किया—"भगवान् का धर्म कितना महान् है?" उन्होंने उत्तर दिया—"भगवान् के धर्म के 84000 खंड हैं।" तब अशोक ने कहा, "मैं प्रत्येक के निश्चित एक-एक विहार अर्पित करूँगा।"

फिर अशोक ने अधीन राजाओं को इसी आशय से विहार बनवाने का आदेश दिया।

'दिव्यावदान' में अशोक की इस इच्छा के विषय में कहा गया है। वह अपने आचार्य उपगुप्त से कहता है, "जिन स्थानों पर तथागत ने निवास किया था, मैं उनके दर्शन करने जाऊँगा, वहाँ पूजा करूँगा तथा ऐसे निर्माण करवाऊँगा, जिनसे भावी संततियाँ भी लाभ पा सकें।"

फिर 'दिव्यावदान' कहता है कि बुद्ध की मृत्यु के बाद उनकी धातु के आठ भाग आठ जातियों ने परस्पर बाँट लिये थे तथा उनपर स्तूप

बनवाए थे। अशोक का कहना था कि वह उन आठ स्तूपों को तुड़वाकर उनपर चौरासी हजार विहार बनवाएगा।

अशोक ने तथागत की धातुओं का उपचार कैसे किया, इस विषय में अनेक प्रसंग मिलते हैं—

महापरिनिर्वाण सूत्रों के अनुसार, मूल रूप में इन धातुओं को आठ दावेदारों में बाँटा गया था। जिस द्रोण ब्राह्मण ने पंचायत की थी, उसे भगवान् का वह धातु-पात्र मिला, जिसमें उन्हें दफन किया गया था। पिप्पिलिवन के मोरियों ने चिता की भस्म पाई और सभी दस पक्षों के स्तूप बनवाने का निर्णय लिया।

फाहियान ने ऐसा ही एक स्तूप देखा था, जिसे उसने 'कोयल स्तूप' का नाम दिया। अब इन सब स्तूपों में से 'पिपरहवा का स्तूप' मिलता है। जिस पर लिखा है, 'यह स्तूप तथागत बुद्ध की धातुओं का है, जो उनके बांधव शाक्यों की अपनी बहनों, बच्चों और पत्नियों के सहयोग से बनाई सुकीर्ति है।'

कहते हैं कि अशोक ने सात स्तूपों में से धातुएँ निकलवाकर अपने स्तूप में रखवा दी थीं।

'दिव्यावदान' कहता है कि यही सत्य है। एक-दूसरे ग्रंथ में कहा गया है कि धातुओं को परस्पर मिलाने का कार्य अजातशत्रु ने किया था।

चीनी यात्री फाहियान व हुआन च्वांग अशोक के निर्माणों की पुष्टि तो करते हैं, किंतु वे उनकी संख्या के विवाद में नहीं उलझते। उन्होंने जहाँ-जहाँ जो कुछ देखा, सहज भाव से उसका वर्णन कर दिया।

अशोक द्वारा चौरासी हजार स्तूपों का निर्माण तो अतिशयोक्ति जान पड़ता था, किंतु यह तो सत्य ही है कि उसने अनेक स्तूपों तथा विहारों का निर्माण करवाया था। ह्वेनसांग तथा हुआन च्वांग अशोक के स्तूपों का उल्लेख करते हुए कहते हैं—

1. काफिरिस्तान (यहाँ स्तूप में बुद्ध की धातुएँ थीं)
2. नगर (जलालाबाद)

3. उद्यान (यहाँ राजा शिवि ने कबूतर की प्राणरक्षा के लिए अपना बलिदान दिया)
4. तक्षशिला (यहाँ भगवान् ने अपने सिर का दान दिया और विमाता ने छल से कुणाल की आँखें निकलवा लीं)
5. सिंहपुर (यहाँ भगवान् बुद्ध ने भूखी बाघिन को खिलाने के लिए अपना शरीर दान दिया)
6. उरस
7. कश्मीर (चार स्तूप)
8. थानेश्वर
9. श्रुयन
10. गोबिसन (बुद्ध द्वारा धर्म प्रचार)
11. ह्यमुख
12. प्रयाग (बुद्ध ने शास्त्रार्थ करनेवालों को पराजित किया)
13. कौशांबी (बुद्ध द्वारा धर्म का प्रचार)
14. कपिलवस्तु (भगवान् का जन्म, जातकर्म व संबोधि के पश्चात् पिता को उपदेश)
15. श्रावस्ती (70 फीट ऊँचा स्तंभ)
16. रामग्राम (बुद्ध द्वारा केशमुंडन)
17. कुशीनगर (बुद्ध की धातुओं का विभाजन)
18. सारनाथ
19. गाजीपुर
20. महाशाल (कुंभस्तूप)
21. वज्जि (बुद्ध का उपदेश)
22. गया (बुद्ध के रक्षमेघ सूत्र का उपदेश)
23. बौद्ध गया (बुद्ध द्वारा घास का आसन बनाना)
24. वैशाली
25. पाटलिपुत्र (धातुओं के लिए)

26. राजगृह (नालंदा के समीप)
27. ताम्रलिप्ति
28. कर्नसुर्वन (अनेक)
29. उड़ीसा (दस से अधिक स्थान)
30. दक्षिण कौशल
31. चोल
32. द्रविण व कांची (अनेक)
33. वल्लभी प्रदेश (अनेक)
34. महाराष्ट्र
35. मुलतान
36. अफंत
37. सिंध
38. चीनपटी
39. मथुरा
40. कुक्कटाराम विहार

कहते हैं कि श्रीनगर कश्मीर की राजनगरी थी, वहाँ अशोक ने 500 विहार बनवाए थे। अशोक के एक पुत्र ने बाद में वहाँ से शासन किया और अनेक स्थानों पर विजय पाई। कल्हण की 'राजतरंगिणी' में भी इस आशय का उल्लेख है कि अशोक ने 'श्रीनगर' नामक नगर बसाया।

हुआन च्वांग और कल्हण के अनुसार, अशोक ने कश्मीर में अशोकेश्वर मंदिर, स्तूप, बौद्ध चैत्य तथा पाषाण दुर्ग बनवाए। कहते हैं कि अशोक ने समस्त कश्मीर बौद्ध संघ को दान में दे दिया था।

पाटलिपुत्र अशोक की राजधानी थी तो निश्चित रूप से वहाँ उसने अनेक निर्माण करवाए होंगे। इस विषय में फाहियान कहता है कि उसने अशोक के नगर में प्रासाद व सभा भवन देखे। उसके नगर की कला व पच्चीकारी देखते ही बनती थी। मानो उन्हें इस लोक के वासियों ने नहीं बल्कि देवात्माओं ने बनाया हो।

सम्राट् द्वारा निर्मित प्रस्तर स्तंभ

सम्राट् ने विहार व स्तूपों के अलावा अनेक स्तंभ भी बनवाए। फाहियान छह स्तंभों का उल्लेख करता है—

- श्रावस्ती में जेतवन विहार दरवाजे के दोनों ओर।
- संकाशय में इस पचास हाथ ऊँचे स्तंभ के सिरे पर शेर की मूर्ति थी तथा चार भागों पर भगवान् बुद्ध की मूर्तियाँ थीं।
- पाटलिपुत्र व उसके आस-पास के स्तंभ।

जबकि फाहियान अशोक द्वारा निर्मित पंद्रह स्तंभों का उल्लेख करता है। उसने संक्सि, श्रावस्ती, कपिलवस्तु, लुंबिनी, कुशीनारा, सारनाथ मार्ग, महाशाल, वैशाली, पाटलिपुत्र और राजगृह में ये स्तंभ देखे। कुछ स्थानों पर दो-दो स्तंभ भी देखे।

यूँ तो अनेक विद्वानों ने अपने-अपने विश्लेषण के अनुसार अशोक द्वारा निर्मित स्तंभों की संख्या बताई है, किंतु वर्तमान में दिल्ली, प्रयाग, लौढ़िया-अरराज, लौढ़िया-नंदनगढ़, रामपुरवा, साँची, सारनाथ, रम्मनदेई तथा निगलीव के स्तंभों को अशोक द्वारा निर्मित माना जाता है।

वैसे तो अशोक से पूर्व भी स्तंभ होते थे। एक-दो स्थानों पर वह स्वयं कहता है, ''ये लेख चट्टानों पर खोदे जाएँ। यहाँ या दूरस्थ स्थानों में; जहाँ शिला स्तंभ हैं, इन लेखों को शिलास्तंभों पर लिखो।''

देवताओं का प्रिय कहता है कि यह धर्मलिपि, जहाँ कहीं शिलास्तंभ तथा प्रस्तर हों, वहाँ लिखाई जाए; जिससे वह चिरंजीवी हो।

अशोक स्तंभ एकाकार पाषाण के हैं तथा चुनार पत्थर से बनाए गए हैं। प्राय: ये 50 फीट ऊँचे हैं तथा इनका व्यास भी लगभग 50 इंच ही है। ललितकला के क्षेत्र में इन स्तंभों को मौर्यकालीन कला का उत्कृष्ट उदाहरण माना जा सकता है।

लगभग सभी अशोक स्तंभों के सिरों पर पशुओं की आकृतियाँ पाई जाती हैं। अशोक द्वारा इन पशुओं को चुने जाने का कारण संभवत: यही रहा होगा कि पशुओं को परंपरा से ही दिशाओं का रक्षक माना जाता है—

पूरब	:	हाथी
पश्चिम	:	साँड़
उत्तर	:	सिंह
दक्षिण	:	अश्व

सारनाथ के स्तंभ में चार पशुओं के अंकन से संभवतः यह बताने की चेष्टा की गई है कि चारों दिशाओं में धर्म की घोषणा की गई।

"संगतराशी की कला चरम सीमा पर है। उसने वह काम कर दिखाया है, जो शायद बीसवीं सदी की शक्ति से भी परे है। 30-40 फीट ऊँचे विशाल पत्थर के भोटों को इतनी सावधानी से तराशा गया है कि कहीं भी एक छैनी अधिक या कम नहीं लगी। फिर ऐसी पॉलिश की गई है, जिसका आधुनिक कारीगरों को ज्ञान तक नहीं है।"

—विंसेट स्मिथ

अशोक की ऐसी केंद्रीय निर्माणशाला कहाँ रही होगी, जहाँ से इतने भारी वजन व आकार-प्रकार के स्तंभ तैयार करके भेजे जाते होंगे। इतिहासकारों के मन में दूसरी जिज्ञासा यह भी है कि इन विशाल स्तंभों को अपेक्षित स्थानों तक पहुँचाया कैसे जाता होगा?

विंसेट स्मिथ लिखते हैं—"ये पत्थर ऐसे स्थानों पर खड़े हैं, जिनके आस-पास सैकड़ों मील के घेरे में कोई ऐसी पहाड़ी नहीं है, जहाँ इतने बड़े खंभों के लिए आवश्यक भोट मिल सके। इनका निर्माण करना, फिर इन्हें इनके अभीष्ट स्थानों में पहुँचाना तथा वहाँ खड़ा करना मौर्यकालीन संगतराशों एवं इंजीनियरों के कौशल तथा साधन-संपन्नता के ये मुखर साक्षी हैं।"

अपनी चमकीली पॉलिश के कारण तो बहुत समय तक ये धातु के ही माने जाते रहे। यहाँ तक कि टॉम कोर्यार्ट ने इन्हें पीतल मंडित स्तंभ कहा था। एक विद्वान् ने स्तंभ को 'धातु में ढला ऊँचा काला स्तंभ' कहा। सचमुच, इन स्तंभों की पॉलिश उनके कारीगरों के लिए गर्व की बात है।

ये स्तंभ एक से दूसरे स्थान तक कैसे ले जाए जाते रहे होंगे? यदि

इस बारे में जरा सा भी जानना चाहें तो 'शम्स-ए-सिराज' से मदद मिल सकती है। उसमें सिराज ने फिरोजशाह द्वारा अशोक के टोपरा स्तंभ को दिल्ली ले जाने के विषय में लिखा है—

"भाटा से लौटने पर सुलतान फिरोज देहली के आस-पास भ्रमण किया करते थे। इस प्रदेश में दो शिलास्तंभ थे। इनमें से एक स्तंभ सलुरा व खिजराबाद जिले के टोपरा नामक गाँव की पहाड़ी पर था। दूसरा स्तंभ मिरथ कसबे के पास था। इन स्तंभों को देखकर फिरोजशाह ने बहुत तारीफ की। उन्हें विजय स्तंभ के रूप में दिल्ली ले जाने का विचार किया। लाट उखाड़ने का विचार होने पर दोआब के निवासियों, पैदल और घुड़सवार सैनिकों को फरमान भेजे गए कि वे वहाँ एकत्र हों। इसके बाद सेमल की रुई मँगवाने का हुक्म हुआ। यह रुई स्तंभ के चारों ओर रखी गई तथा जमीन खोदने के पश्चात् स्तंभ को आहिस्ता से रुई पर लिटाया गया। स्तंभ की नींव की जाँच करने पर एक चौकोर पाषाण मिला। यह पत्थर भी निकाल लिया गया। इसके बाद सारा स्तंभ ऊपर से नीचे तक कच्ची खाल और घास से लपेट दिया गया, जिससे उस पर कोई खरोंच न आ सके।

"तब पट-पाटियों की एक गाड़ी बनवाई गई, जिसके हर पहिए पर रस्सियाँ बँधी थीं। रस्सियों को खींचने के लिए हजारों मनुष्य जुटाए गए। बड़ी कठिनाई से स्तंभ को गाड़ी पर रखा गया। हर पहिए को खींचने के लिए 200 आदमी तैनात हुए अर्थात् पट पहिए को 8400 मनुष्यों ने खींचा था। इस प्रकार हजारों आदमियों के प्रयत्न से गाड़ी खींचकर यमुना के किनारे पहुँचाई गई, जहाँ पर नावों की एक बड़ी संख्या पहले ही इकट्ठी कर दी गई थी।

"इन नावों में से अधिकतर 5000 तथा 7000 मन अनाज ले जाने के योग्य थीं। छोटी-से-छोटी नाव भी 2000 मन तक अनाज ले जा सकती थी। लाट को बड़ी होशियारी से उन नावों पर रखकर फिरोजाबाद ले जाया गया।"

—राजा अशोक : भगवती प्रसाद पांथरी से साभार

इस विवरण से ही अनुमान लगाया जा सकता है कि अशोककालीन स्तंभों को और अधिक सुदूर स्थान तक ले जाने के लिए कितने साधनों तथा मानवश्रम की आवश्यकता रही होगी।

अशोककालीन स्थापत्यकला पर यूनानी और ईरानी कला के प्रभाव की बात की जाए तो विद्वानों में खासे मतभेद हैं। कुछ का मानना है कि कई कलाकार सिकंदर के हमले के बाद भारत में ही रह गए थे तो कुछ कहते हैं कि चंद्रगुप्त का विवाह यूनानी राजकुमारी से होने से ही यूनानी कलाकारों का भारत-आगमन प्रमाणित हो जाता है। इन निर्माणों में विदेशी हाथों का कितना योगदान रहा, हमें इस बात से कोई लेना-देना नहीं। हमारा कलाप्रेमी हृदय तो केवल कला की सराहना ही जानता है।

अशोककालीन गुफा भवन

अब हमें अशोककालीन सात गुफा भवन देखने को मिलते हैं। ये गुफा भवन गया के समीप तथा नागार्जुन पहाड़ियों पर हैं, जो पहाड़ियाँ काटकर बनाए गए हैं। इनमें से तीन अशोक के पौत्र दशरथ द्वारा बनवाए गए थे।

सबसे बड़े भवन का नाम 'गोपिका गुफा' है। इसके दोनों किनारे अर्द्ध-वृत्ताकार हैं तथा छत पीपानुमा है। तीन ऐसी गुफाएँ भी मिली हैं, जो अशोक के नाम से जुड़ी हैं। इनमें अशोक के लेख भी हैं। पहली का नाम 'कर्ण चौपड़ गुफा' है। दूसरी गुफा का नाम 'सुदामा' तथा तीसरी 'लीमरा ऋषि' की गुफा, चौथी 'विश्वामित्र' की गुफा है। गुफाओं में मौर्यकालीन कला की विशेषताएँ देखने को मिलती हैं।

जिन-जिन गुफाओं में लेख पाए गए हैं, वे आजीविकों को दान में दी गई थीं।

"अशोक ने अपने गुरु उपगुप्त व अन्य अर्हतों की दसों गुफाएँ पाटलिपुत्र में दान में दी थीं।"

—हुआन च्वांग

हुआन के इस कथन से भी गुफाओं के अस्तित्व का तो पता चलता है, किंतु अभी तक उनके विषय में कुछ पता नहीं चल पाया। 'महावंश' के अनुसार सम्राट् ने अपने भाई व अन्य अर्हतों के लिए 'गुफा भवन' बनवाए थे।

बौद्ध धर्म का प्रभाव भारत की सीमाओं को पार कर एशिया के अन्य देशों तक भी पहुँचा। प्रारंभ में तो कई भारतीय विद्वानों ने विदेशों में जाकर धर्म का प्रसार किया, किंतु इसके उपरांत अनेक चीनी जिज्ञासु बौद्ध भिक्षु भी भारत आए। उन्होंने अपनी भारत-यात्रा के संस्मरण भी लिखे, जिनसे हमें चौथी से सातवीं शताब्दी तक के धर्म की स्थिति, राजनीतिक व सामाजिक अवस्था, स्थापत्य कला, विभिन्न कलाओं, भाषाओं, सभ्यताओं व संस्कृतियों आदि की ऐतिहासिक जानकारी मिलती है।

फाहियान, श्वेनत्सांगव इत्सिङ ने इन यात्रा-संस्मरणों में कई स्थानों पर अशोक के निर्माण कार्यों का उल्लेख किया है। विद्वानों का कहना है कि अशोक के पुत्र ने खोतान नगर बसाया था। फाहियान ने खोतान के विषय में कहा कि वहाँ के महायानी भिक्षु बुद्ध को पूजते थे और बड़े ही अतिथि-वत्सल थे।

फाहियान ने अशोक द्वारा बनवाए गए पाटलिपुत्र राजप्रासाद की प्रशंसा की। पाटलिपुत्र के उत्तर में अशोक ने 'नीली' नामक नगर बसाया था। उसके ऊपर एक सिंह की प्रतिमा थी। फाहियान ने उस स्तंभ पर एक शिलालेख भी देखा था, जिसमें नगर बनवाने का वर्ष, महीना और तिथि दी गई थी।

श्वेनत्सांग ने तक्षशिला से दक्षिण की ओर कुछ दूरी पर अशोक द्वारा निर्मित सौ फुट ऊँचा स्तूप देखा था। लोग उस स्तूप और आस-पास की भूमि को पवित्र मानते थे।

श्वेन ने लिखा है कि उस स्थान पर भूडोल का भी कोई प्रभाव नहीं होता था। यदि भूडोल आने से आस-पास के पहाड़ भी हिलते थे तो

भी उस स्थान के चारों ओर सौ कदमों तक पृथ्वी स्थिर रहती थी। यदि कोई व्यक्ति उस जगह को खोदने का प्रयास करता तो पृथ्वी हिलने लगती तथा व्यक्ति वहीं सिर के बल धराशायी हो जाता था।

तक्षशिला के उत्तर में भी अशोक द्वारा निर्मित एक स्तूप था। जो धर्मोत्सव के दिन स्वतः चमकने लगता। उसपर पुष्प-वर्षा होती तथा अलौकिक नाद सुनाई देता। श्वेन ने इस स्तूप से जुड़े चमत्कारी प्रसंग की चर्चा करते हुए लिखा है कि प्राचीन काल में एक स्त्री कुष्ठ रोग से पीड़ित थी, जिसे छूत का रोग माना जाता था। कोई भी उस स्त्री को पास फटकने नहीं देता था।

एक दिन उस स्त्री ने स्तूप के पास जाकर सच्चे हृदय से भगवान् बुद्ध से अपने पापों की क्षमा माँगी व नतमस्तक हो गई। अचानक उसकी नजर स्तूप के एक खुले हिस्से पर गई, जहाँ विष्ठा व कूड़ा भरा था। उसने अपने हाथों से उस स्थान को साफ किया। उसे धोकर सुखाया, वहाँ कमल के पुष्प चढ़ाकर सुगंधित सामग्री छिड़क दी। इस सेवा के फलस्वरूप उस स्त्री का रोग जाता रहा तथा उसका पूरा शरीर सुगंधित एवं कांतिमान हो गया।

इस प्रकार स्पष्ट है कि अशोक के काल में वास्तुकला, स्थापत्यकला, शिल्पकला और मूर्तिकला पूर्ण रूप से विकसित थी। बौद्ध धर्म के प्रचारक के रूप में अशोक ने इनके संवर्द्धन में विशेष रूप से सहयोग दिया।

□

बौद्ध संघ में मतभेद व अशोक

बौद्ध धर्म के प्रचार-प्रसार में आजीवन लगे रहनेवाले सम्राट् अशोक के लिए हर प्रकार से प्रचार कार्य में रुचि लेना स्वाभाविक ही था।

सम्राट् के समय से ही बौद्ध धर्म के मतभेद तीव्र रूप में सामने आने लगे थे। बुद्ध के जीवनकाल में भी वे आनंद को इस ओर इंगित करते दिखाई देते हैं। अशोक सम्राट् के जीवनकाल में संघ-भेद की रक्षा के लिए आज्ञाएँ जारी की गईं। यदि भेद न होता तो इनका औचित्य ही क्या था? उस समय तक संघ दो भागों में बँट चुका था।

अशोक ने अपने प्रयासों से संघभेद को दूर करने में काफी हद तक सफलता भी पाई। उसके शासनकाल में दूसरी बौद्धसभा हुई। उस समय कुछ भिक्षुओं ने आचार के दस सिद्धांतों पर तर्क-वितर्क किया, जिससे संघ में भेद का प्रश्न खड़ा हो गया; किंतु जब वे भिक्षु वाद-विवाद में परास्त कर दिए गए तो संकट टल गया।

बौद्ध धर्म की तीन महासभाएँ हुई थीं। पाटलिपुत्र की पहली सभा का अधिपति महाकस्सप था। वैशाली की दूसरी सभा का अधिपति अशोक था।

मतभेदों के कारण नगण्य थे, जैसे भिक्षु किनारेवाली चटाई रखें या नहीं, अपने पास नमक रखें या नहीं। संघ की समृद्धि ने ऐसे अनेक लोगों को अपनी ओर खींचा, जिनकी बौद्ध धर्म के प्रति कोई आस्था या श्रद्धा न

थी। वे केवल धन के लोभ में संघ से जुड़े थे।

तीसरी महासभा का उल्लेख करते हुए 'महावंश' लिखता है—"सम्राट् अशोक ने बौद्ध भिक्षुओं को बुलाने के लिए दो पक्षों को भेजा। ये दोनों पक्ष सात दिन के भीतर जंबूद्वीप के सभी भिक्षुओं को ले आए। सातवें दिन अशोक अपने विशाल मंदिर में गए तथा भिक्षुओं को वहाँ एकत्रित होने का आदेश दिया। अशोक स्वयं अपने गुरु कीरो तिस्स सहित सभामंडल में विराजे। उन्होंने मिथ्यावादी भिक्षुओं को अपने पास बुलाकर प्रश्न किया, 'कल्याण रूप भगवान् बुद्ध का क्या धर्म था?' प्रत्येक भिक्षु ने अपने धर्म विचार के अनुसार बुद्ध के धर्म की व्याख्या अथवा समीक्षा की। सम्राट् ने उन सब मिथ्यावादी भिक्षुओं को संघ से निकाल दिया। बहिष्कृत हुए भिक्षुओं की संख्या साठ हजार थी। इसके अनंतर सम्राट् ने धर्मनिष्ठ भिक्षुओं से पूछा, 'कल्याणमय भगवान् का क्या सिद्धांत था?' उन्होंने उत्तर दिया—'सभ्यता।' सम्राट् ने तब थीरो से पूछा, 'आचार्य, क्या बुद्ध स्वयं विमज्जवादी धर्म के थे?' थीरो ने उत्तर दिया, 'हाँ!' सम्राट् यह सुनकर हर्षित हो उठे। सम्राट् ने कहा, पाप भिक्षु निकाल दिए गए और संघ विमलीकृत हुआ। अब पुनः उपोस्थो मनाया जा सकता है।"

(देवानांप्रिय प्रियदर्शी, राजा अशोक, भगवती प्रसाद पांथरी से साभार)

सम्राट् अशोक ने संघ के प्रधान व धर्म के रक्षक के रूप में अपनी भूमिका बखूबी निभाई। उसने किसी निरंकुश शासक की तरह यह कार्य नहीं किया। उसके विचार बौद्ध-शास्त्रों में दिए गए विधानों पर ही आधारित थे।

कहते हैं कि अशोक ने मतभेद समाप्त कर अपने पदाधिकारियों द्वारा उपोस्थ में शामिल होने के आदेश दिए, किंतु उन अधिकारियों ने आदेश का अनुचित प्रयोग किया। वे शामिल न हो पाने वाले भिक्षुओं का वध करने लगे।

अशोक को यह पता चला तो उसने तिष्य के माध्यम से उन भिक्षुओं को सफेद वस्त्र पहनाकर संघ से बाहर निकलवा दिया, जो वास्तव में

भिक्षु नहीं थे। इस तरह उसने संघ में एकता की स्थापना की।

बौद्ध संघ के इतिहास में अशोक द्वारा जारी किया गया आदेश बहुत महत्त्व रखता है। उसने लिखवाया—

''देवताओं के प्रिय...पाटलिपुत्र में...कोई संघ में फूट न डाले। चाहे वह भिक्षु हो या भिक्षुणी, जो संघ में फूट डालेगा, उसको श्वेत वस्त्र पहनाकर उस स्थान में रख दिया जाएगा, जो भिक्षुओं-भिक्षुणियों के योग्य नहीं है। अर्थात् वह भिक्षु समाज से बहिष्कृत कर दिया जाएगा। इस प्रकार मेरी यह आज्ञा भिक्षु संघ और भिक्षुणी संघ को बता दी जाए। देवताओं के प्रिय ऐसा कहते हैं, ''इस प्रकार का लेख आप लोगों के पास कार्यालय में रहे और ऐसा ही लेख आप लोग उपासकों के पास रख दें। उपासक लोग हर उपवास के दिन इस आज्ञा पर अपना विश्वास दृढ़ करने के लिए आएँ। निश्चित रूप से हर उपवास के दिन प्रत्येक महामात्र इस आज्ञा पर अपना विश्वास जमाने तथा इसका प्रचार करने के लिए उपवास व्रत में सम्मिलित हों।''

इस प्रकार मतभेद समाप्त होने के बाद थीरो ने असंख्य भिक्षुओं में से एक हजार पवित्र व चारित्रिक भिक्षुओं को चुना। वे पूरी तरह से धार्मिक थे तथा त्रिपिटकों का भी ज्ञान रखते थे। इस महासभा का आचार्य थीरो तिष्य चुना गया। उनके 'कथावत्थु' नामक ग्रंथ को सबने प्रमाण के रूप में स्वीकारा।

□

अशोक के जीवन का अंतिम काल व धर्म

सम्राट् अशोक ने बौद्ध धर्म के प्रचार-प्रसार के लिए अपना शेष जीवन समर्पित कर दिया था। यहाँ तक कि उसका पुत्र महेंद्र व पुत्री संघमित्रा भी संघ की शरण में चले गए थे। संघमित्रा तो आजीवन विदेश में ही रही तथा वहीं उसकी मृत्यु भी हुई।

अशोक धर्म ग्रहण से पूर्व आखेट किया करता था, किंतु बाद में उसकी ये यात्राएँ धर्मयात्राओं में बदल गईं। उसने अनेक तीर्थों की यात्राएँ कीं तथा बौद्ध स्थलों का जीर्णोद्धार करवाया।

अशोक से पूर्व भगवान् बुद्ध के जन्मस्थान के विषय में मतभेद चला आ रहा था, किंतु अशोक ने रुम्मिनदेई अभिलेख में इस तथ्य की पुष्टि कर दी—

"बीस वर्षों से अभिषिक्त देवानांप्रिय प्रियदर्शी राजा द्वारा स्वयं आकर इस स्थल को गौरव प्रदान किया गया, क्योंकि यहाँ शाक्यमुनि का जन्म हुआ था। 'लुंबिनी' नामक ग्राम को बलि से मुक्त कर अष्टभागी बना दिया गया। पत्थर की प्राचीर बनवाई गई और पाषाण स्तंभ स्थापित किए गए, क्योंकि यहीं भगवान् का जन्म हुआ था।"

अशोक ने अपनी धर्मयात्राओं में अनेक ऐतिहासिक और धार्मिक महत्त्व के स्थानों का उद्धार किया। बौद्धतीर्थों की यात्रा के साथ ही अशोक ने महती धनराशि भी दान में दी।

एक किंवदंती के अनुसार अशोक ने बौद्ध संघ को सारा राजपाट ही सौंप दिया था।

फाहियान के अनुसार अशोक ने भिक्षुसंघ को पहले जंबूद्वीप दान में दिया और फिर उसके बदले में काफी धन देकर उसे वापिस ले लिया। उसने ऐसा तीन बार किया। इसी से अनुमान लगाया जा सकता है कि उसने संघ को कितना दान दिया होगा।

'दिव्यावदान' में अशोक की बौद्धसंघ के प्रति श्रद्धा के बारे में एक प्रसंग आता है। उसने बौद्ध भिक्षुओं से पूछा, "प्रभु के लिए सर्वाधिक दान देनेवाला व्यक्ति कौन है?"

"गृहपति अनाथपिंडक।"

"गृहपति अनाथपिंडक ने संघ को कितना दान दिया था?"

"सौ करोड़।"

अशोक ने इस कथन को गंभीरता से लेते हुए इससे भी अधिक दान करने का निश्चय किया। इसी आश्य से अनेक स्तूप और विहार बनवाए। हम आगे उल्लेख कर ही चुके हैं कि उसने किस प्रकार बौद्ध धर्म के प्रचार में कोई कसर नहीं छोड़ी।

कहते हैं कि उसने दान के नाम पर नब्बे करोड़ तो व्यय कर दिए, किंतु अभी भी दस करोड़ का व्यय होना शेष था। तब अशोक ने निर्णय लिया कि वह शेष धन को राजकोष से देकर अपना वचन पूरा करेगा।

'दिव्यावदान' के अनुसार उस समय अशोक के पुत्र कुणाल का पुत्र शासन-व्यवस्था सँभाल रहा था। पहले तो वह भी अपने दादा के धर्मकार्यों में पूरा सहयोग देता था, किंतु अपने अमात्यों के प्रभाववश वह इन गतिविधियों से विमुख हो गया और इसे फिजूलखर्च मानने लगा।

अशोक ने अपने अमात्यों के माध्यम से संदेश भिजवाया कि वह राजकोष से 10 करोड़ का दान देना चाहता था।

अमात्यों ने उसके संदेश को पहुँचाने के साथ ही कुमार को भड़का दिया। वे बोले, "कुमार, महाराज अशोक तो अब वृद्ध हो गए हैं। वे अब अधिक दिनों तक जीवित नहीं रहेंगे। वे राजकोष के धन को कुक्कटाराम भेजना चाहते हैं। उनके जाने के बाद तो यह सब आपका ही होगा, किंतु खाली राजकोषवाले राजा को सभी शक्तिहीन ही मानते हैं। अत: आप इस

कार्य की आज्ञा न दें।''

कुमार को भी लगा कि मंत्रीगण उसके भले की बात कह रहे हैं।

कुमार ने भांडागिरिक को बुलाकर कहा, ''आज से सम्राट् अशोक के लिए राजकोष से किसी भी प्रकार का दान नहीं दिया जाएगा।''

पहले अशोक सोने के पात्रों में भिक्षुओं को भोजन भिजवाता था। परिस्थितियाँ ऐसी बनीं कि उसे चाँदी, साधारण और फिर अंतत: मिट्टी के पात्रों में भोजन भेजना पड़ा। कुमार को यह भी स्वीकार्य नहीं था। उसने इसे भी मना करवा दिया।

अंत में एक दिन दान सामग्री मँगवाने पर अशोक को एक मिट्टी की तश्तरी में रखकर आधा आँवला भेजा गया। उसने अमात्यों को बुलाकर पूछा, ''इस राज्य का स्वामी कौन है?''

''देव, आप ही तो हैं।'' अमात्यों ने कहा।

अशोक ने अश्रुपूरित नेत्रों से कहा, ''आप लोग असत्यवादन न करें। सकल जंबूद्वीप के आधिपत्य का उपयोग करनेवाला इस समय आधे आमलक का स्वामी है। वास्तव में ऐसे ऐश्वर्य को धिक्कार है!''

अशोक ने दु:खी हृदय से वह आधा आँवला ही संघ को भेज दिया।

हुआन च्वांग ने भी एक आमलक स्तूप होने की पुष्टि की है।

'अशोकावदान' में एक अन्य स्थान पर अशोक कहता है, ''पदच्युत होने पर मेरी प्रार्थना है कि जिन कैदियों को प्राणदंड मिला हो, उन्हें धार्मिक कृत्य करने की अनुमति दी जाए।''

संयुक्तागम कहते हैं कि युवराज ने मंत्रियों को आदेश दे दिया था कि सम्राट् को माँगने पर भी कोई बहुमूल्य वस्तु न दी जाए। यहाँ तक कि अशोक के मंत्रियों ने भी उसे बहुमूल्य उपहार देना बंद कर दिया था। इन घटनाओं से ही अनुमान लगाया जा सकता है कि विश्वासघात करनेवाले संबंधियों के कारण ही अशोक का अंतिम समय कितना कष्टकर रहा होगा!

□

जनश्रुतियाँ व दंतकथाएँ

भारत की बौद्ध गाथाओं व सिंहली गाथाओं में अशोक के जीवनकाल से जुड़ी ऐसी अनेक दंतकथाएँ मिलती हैं, जोकि ऐतिहासिक वृत्तों पर आधारित नहीं हैं। वे पूर्ण रूप से काल्पनिक व मनगढ़ंत हैं। दरअसल, उन कथानकों का ध्येय अशोक का जीवन-परिचय देना नहीं है। उनके माध्यम से केवल यही स्पष्ट किया गया कि अशोक का इस जन्म में बौद्ध धर्म को अपनाना और चक्रवर्ती सम्राट् होना निश्चित था। वह बौद्ध बनने से पहले कितना क्रूर था और इस धर्म को अपनाने के बाद उसके जीवन में कैसा रूपांतरण हुआ। कहीं-कहीं तो कथानक इतने अतिरंजित जान पड़ते हैं कि उनपर विश्वास करने का तो प्रश्न ही पैदा नहीं होता। अनेक गाथाएँ परस्पर विरोधी विवरण उपस्थित करती हैं। कई बार तो पाठक के लिए यह तय करना भी कठिन हो जाता है कि वे किसे सत्य मानें! एकरूपता का अभाव क्लिष्टता को जन्म देता है।

अत: हम अशोक के जीवन से जुड़ी जानकारी पाने के लिए या तत्कालीन इतिहास को जानने के लिए बौद्ध गाथाओं पर विश्वास तो नहीं कर सकते, किंतु अपने समय के महान् सम्राट् अशोक के जीवन से जुड़े इन प्रसंगों को जानने का कौतूहल तो अवश्य ही पाठकों के मन में होगा।

उसी कौतूहल को शांत करने के लिए हम उन दंतकथाओं, बौद्ध गाथाओं व कथानकों की एक झलक प्रस्तुत कर रहे हैं—

दिव्यावदान के अनुसार अशोक का जन्म

चंपा नगर में एक ब्राह्मण रहता था। उसकी एक रूपवती कन्या थी। जब कन्या विवाह योग्य हुई तो एक दिन भविष्यवक्ता ने उसका हाथ बाँचकर कहा, "यजमान! यह कन्या तो राजरानी होगी। इसके यहाँ दो पुत्रों का जन्म होगा। इसका एक पुत्र चक्रवर्ती राजा होगा और दूसरा संन्यास ग्रहण करेगा।"

कन्या के पिता ने विचार किया कि उसे अपनी पुत्री को पाटलिपुत्र ले जाकर राजमहल में भेज देना चाहिए। उसे भविष्यवक्ता की भविष्यवाणी पर पूरा विश्वास था। उक्त कन्या राजा बिंदुसार के अंत:पुर में तो आ गई, किंतु ईर्ष्यालु रानियों ने उसे कभी राजा से मिलने का अवसर ही नहीं दिया। वे उससे नाइन का काम करवाने लगीं। वह कन्या महल में नाइन के रूप में ही पहचानी जाने लगी। एक दिन दैववश कन्या को राजा से भेंट का अवसर मिला तो उसने कहा कि वह तो ब्राह्मण की पुत्री है और इसी आशय से राजमहल में आई है कि महाराज उसे पत्नी के रूप में अंगीकार करेंगे।

महाराज बिंदुसार ने उसे अपनी सहधर्मिणी के रूप में स्वीकारा। उक्त कन्या का नाम था सुभद्रांगी। उसने दो पुत्रों को जन्म दिया; जिनके नाम रखे गए-अशोक व विगताशोक।

अशोक के पूर्वजन्म की गाथा

'दिव्यावदान' में कहा गया है कि भगवान् बुद्ध ने भविष्यवाणी की थी कि अशोक नामक एक धार्मिक राजा होगा, जो उनके अस्थि, अवशेषों को चौरासी हजार 'धर्मराजिकाओं' अर्थात् स्तूपों में स्थापित करेगा।

चीनी-यात्री इत्सिंङ के अनुसार–

चीनी–यात्री इत्सिंग एक ऐसी जनश्रुति का उल्लेख करता है, जिसके अनुसार स्वयं भगवान् बुद्ध ने कहा था कि अशोक एक चक्रवर्ती राजा

होगा। कहते हैं कि महाराज बिंदुसार ने एक रात सपने में देखा कि कपड़े के एक टुकड़े और सोने की छड़ी के अठारह भाग हो गए। इसका भाष्य करते हुए भगवान् बुद्ध कहते हैं कि उनके निर्वाण के सौ से अधिक वर्ष होने पर उनके उपदेश 18 भागों में विभक्त होंगे। तब अशोक नाम का राजा पैदा होगा, जो सारे जंबूद्वीप पर शासन करेगा।

'महावंश' के अनुसार–

महावंश में कहा गया है कि पूर्वजन्म में अशोक मधु (शहद) विक्रेता था। तब उसने एक पात्र भरकर संबुद्ध को मधुदान दिया था। जिसके फल से ही वह अगले जन्म में सार्वभौम राजा बना।

फाहियान के अनुसार–

पूर्वकाल में जब अशोक एक बालक था तो राह में खेल रहा था। तभी शाक्यमुनि बुद्ध भिक्षापात्र लेकर वहाँ से निकले। बालक के पास तो भिक्षा देने के लिए कुछ था ही नहीं। उसने खेल-खेल में एक मुट्ठी भर मिट्टी ही बुद्ध को दान कर दी। बुद्ध ने बड़े स्नेह से वह मिट्टी ग्रहण की, उसे भूमि पर डाला और वहीं बैठकर समाधि लगा ली। इसी दान के प्रतिफल से वह बालक अशोक अगले जन्म में चक्रवर्ती सम्राट् बना और संपूर्ण जीव-जगत् पर राज किया।

'महावंश' के अनुसार अशोक का राज्यारोहण

उसमें कहा गया है कि बिंदुसार के एक सौ एक पुत्र थे। उनमें सबसे अधिक पुण्य, तेज, बल व समृद्धिवाले अशोक थे। उन्होंने अपने 99 सौतेले भाइयों को मारकर सकल जंबूद्वीप का एकच्छत्र राज पा लिया था और चार साल बाद पाटलिपुत्र में अपना राज्याभिषेक करवाया।

'महाबोधिवंश' में कहा गया है कि अशोक ने अपने 98 प्रतिस्पर्धी भाइयों के साथ युद्ध किया।

ये ग्रंथ कहते हैं कि अशोक अवंतिराष्ट्र का उपराज था। 'अशोकावदान' के अनुसार अशोक को तक्षशिला का विद्रोह दबाने के लिए भेजा गया था।

एक दूसरे स्थान पर 'महावंश' कहता है, 'बिंदुसार के बीमार होने पर अशोक उज्जैन छोड़कर पाटलिपुत्र चले आए। पिता के मरने पर नगर को अपने अधीन कर बड़े भाई को मरवाकर श्रेष्ठ नगर का राज्य अपने हाथ में ले लिया।'

'दिव्यावदान' में लिखा है कि एक बार राजा बिंदुसार का बड़ा पुत्र सुशीम जब उद्यान से लौट रहा था तो उसने हँसी-हँसी में प्रधानमंत्री खल्वाटक के सिर पर खटका गिरा दिया। प्रधानमंत्री चिड़ गया व मन-ही-मन सोचा—

'आज इसने खटका गिराया है, किंतु राजा पर तो शस्त्र भी चला सकता है। इसका राजा बनना तो बिलकुल अनुचित है। अतः वह पाँच सौ मंत्रियों को अपने साथ मिलाकर सुशीम की जगह अशोक को राजा बनाने के षड्यंत्र में जुट गया।'

फिर तक्षशिला में विद्रोह हुआ तो सुशीम को भेजा गया। सुशीम से स्थिति नहीं सँभल रही थी। रोगी तथा वृद्ध बिंदुसार की इच्छा थी कि वह अशोक को तक्षशिला भेज दे तथा सुशीम को पाटलिपुत्र बुला ले, ताकि उसे राजगद्दी दी जा सके। मंत्रियों ने बिंदुसार के मरते ही बड़े पुत्र को तो एक ओर किया और अशोक को राजा बना दिया।

सुशीम ने पाटलिपुत्र पर चढ़ाई की। मंत्री राधागुप्त व अशोक ने नगर के प्रवेशद्वारों की रक्षा के लिए नगर-दैत्यों को नियुक्त किया। सुशीम धोखे से जलते अंगारों से भरे खड्ड में जा गिरा तथा मृत्यु को प्राप्त हुआ।

इस प्रकार विविध ग्रंथों व दंतकथाओं को पढ़कर अंत में यही निष्कर्ष निकाला जा सकता है कि बिंदुसार का पुत्र इस योग्य नहीं होगा कि उसे राज्य सौंपा जाए। यद्यपि उत्तराधिकार नियम से गद्दी उसे ही मिलनी चाहिए थी, किंतु मंत्री नहीं चाहते थे कि किसी अयोग्य शासक के हाथ में राज्य की बागडोर दी जाए। अतः वे सब उसके विरुद्ध हो गए।

उन्होंने राजा के छोटे, किंतु योग्य पुत्र अशोक को राज भार सौंप दिया।

सुशीम की ओर से जो थोड़ा-बहुत विद्रोह हुआ, उसे वहीं कुचल दिया गया और राज्य निष्कंटक हो गया।

दंतकथाएँ व अशोक का रूपांतरण

बौद्ध-गाथाओं में कहा गया है कि अशोक बौद्ध धर्म को अपनाने से पहले एक क्रूर व्यक्ति था। केवल बौद्ध धर्म को अपनाने के बाद ही उसके मन में प्राणीमात्र के प्रति प्रेम व अहिंसा का भाव जाग्रत् हुआ। इसी एक लक्ष्य की पुष्टि के लिए नाना अतिरंजित कल्पनाओं और किस्सों का प्रश्रय लिया गया है।

सिंहासन के उत्तराधिकार के विषय में उत्तर व दक्षिणी धारणाएँ भिन्न हैं। दक्षिणी कथाएँ कहती हैं कि अशोक ने अपने 99 भाइयों की हत्या की थी। अत: उसे 'चंडाशोक' कहा जाने लगा।

इसी चंडाशोक की कहानी आगे बढ़ती है तो 'अशोकावदान' कहता है कि अशोक 'नरक का निर्माता' था। एक दिन जब उसके मंत्रियों ने उसका कहा नहीं माना तो उसने पाँच सौ मंत्रियों के सिर कटवा दिए।

एक दूसरी घटना के अनुसार, जब कुछ स्त्रियों ने उससे पूछे बिना अशोक वृक्ष की पत्तियाँ तोड़ ली थीं तो अशोक ने प्रासाद की पाँच सौ स्त्रियों को जिंदा जलवा दिया था।

मंत्री इन घटनाओं को देखकर क्षुब्ध हो गए। उन्होंने राजा से कहा— 'आप स्वयं अपने हाथों इतनी हत्याएँ करके अपने हाथों को अपवित्र न करें। यदि एक जल्लाद नियुक्त किया जाए तो उचित होगा।' अशोक ने चंडागिरिक नाम व्यक्ति को जल्लाद नियुक्त कर दिया।

कहते हैं कि अशोक ने पाटलिपुत्र राजधानी में लोगों को दु:ख देने के लिए नरक बनवाया। ऊँची दीवारों व बुर्जियों से घिरे उस स्थान में धातुएँ गलाने की भट्ठियाँ बनवाई गईं। भीतर कई तरह के हथियार व यंत्रणा देने के साधन मौजूद थे।

'अशोकावदान' में कहा गया है कि उसने मुनादी करवा दी थी कि जो भी ब्राह्मण-संन्यासी का कटा सिर लाएगा, उसे इनाम दिया जाएगा।

अशोक के नरक में जो भी प्रवेश कर जाता, वह जीवित वापस नहीं लौटता था। एक बार एक श्रमण भिक्षा माँगता हुआ वहाँ से निकला। जल्लाद ने उसे भी बंदी बनाने में देर नहीं की। श्रमण ने भीतर प्रवेश किया ही था कि उसने देखा एक व्यक्ति को रस्सियों से जकड़कर लाया जा रहा था। उन्होंने उस बंदी के हाथ-पाँव काटे और तत्काल उसे ओखली में कुचल दिया।

यह देखकर श्रमण का हृदय करुणा से भर गया। इसी अनित्यता की अनुभूति ने उसे अर्हंत बना दिया। इसके पश्चात् श्रमण की बारी आई। ज्यों ही उसे खौलते तेल के कड़ाह में डाला गया तो आग बुझ गई। कड़ाही में एक कमल पुष्प उग आया और अर्हंत उसी पर जा बैठा। यह चमत्कार जानकर राजा स्वयं नरक में आ पहुँचा। उसे देख जल्लाद ने कहा, "महाराज, आज तो आपको ही मरना होगा, क्योंकि आपने ही कहा था कि नरक के भीतर प्रवेश करनेवाला जीवित नहीं लौटना चाहिए। आज तो आप स्वयं यहाँ खड़े हैं।"

अशोक उस अर्हंत के दर्शन कर चुका था। उसने उस जल्लाद को ही खौलते कड़ाह में डलवा दिया और नरक को भी नष्ट कर दिया। फिर राजा ने अपने पापकर्मों के लिए प्रायश्चित्त किया। वह त्रिरत्नों में आस्था रखने लगा तथा नित्यप्रति बोधिवृक्ष के दर्शनों के लिए जाने लगा।

ह्वेनसांग के विवरण में भी इस नरक के विषय में कहा गया है, 'राजा के प्राचीन प्रासाद के उत्तर में दसियों फीट ऊँचा एक पाषाण स्तंभ है, यही वह स्थान है, जहाँ अशोक ने नरक बनवाया।'

चीनीयात्री हुआन च्यांग ने भी एक ऊँचा स्तंभ देखा था, जिसके बारे में प्रसिद्ध था कि वह उसी स्थान पर है, जहाँ कभी अशोक का नरक था। जिसमें मनुष्य को यातना देने के लिए तरह-तरह के यंत्रों की कल्पना की गई थी।

इस प्रकार के ग्रंथ सिद्ध कर देना चाहते हैं कि ब्राह्मणधर्मी अशोक कितना दुष्ट व क्रूर था, जिसने बौद्ध धर्म को अपनाने के बाद सभी बुरे कर्म छोड़ दिए और प्रजा के कल्याण में रत रहने लगा।

जनश्रुतियाँ व अशोक के पारिवारिक संबंध

एक जनश्रुति के अनुसार अशोक के अपने परिवार के साथ अच्छे संबंध थे। हुआन च्यांग लिखता है कि अशोक के छोटे भाई का नाम महेंद्र था। राजवंश में जनमे महेंद्र को राजनियमों की कोई परवाह नहीं थी। वह बड़ी उच्छृंखलता से जीवन व्यतीत करता था।

मंत्रियों ने अशोक तक यह समाचार पहुँचाया। अशोक ने द्रवित होकर भाई को समझाना चाहा, किंतु जब कोई असर न हुआ तो फटकार भी लगानी पड़ी। महेंद्र ने अपने अपराध स्वीकारे और क्षमा माँगी। उसने वचन दिया कि वह फिर कभी प्रजा पर अत्याचार नहीं करेगा।

वह एकांत कक्ष में चला गया। वह पूरे सात दिन तक कमरे में बैठकर गंभीर चिंतन करता रहा और अर्हंत बन गया। फिर वह पाटलिपुत्र के समीप ही एक गुफा में रहने लगा। फाहियान के विवरण में अशोक के इस भाई का नाम तो पता नहीं चलता, किंतु वह लिखता है कि अशोक का भाई पहाड़ी पर एकांतवास करता था तथा राजधानी में नहीं आना चाहता था।

अशोक उसे बहुत मान देता था, किंतु उसके लाख समझाने पर भी छोटा भाई सबके बीच आकर रहने को तैयार नहीं था।

वीताशोक का हृदय-परिवर्तन

कुछ ग्रंथों में अशोक के भाई को तिल, वीताशोक, क्षुदत व क्षुगात्र नामों से भी पुकारा गया है। इन ग्रंथों के अनुसार अशोक के भाई वीताशोक ने बौद्धों की आलोचना की थी कि वे वासनाओं के दास हैं तथा विलासमयी जीवन व्यतीत करते हैं।

यह जानकर अशोक के क्रोध का ठिकाना न रहा। उसने भाई को सबक सिखाने की ठान ली। पहले तो वह स्वयं राज्य से चला गया। जब मंत्रियों ने योजनानुसार वीताशोक को राजसिंहासन सौंप दिया तो अशोक लौट आया और उस पर राजद्रोह का आरोप लगा दिया। वीताशोक को मृत्युदंड देने के साथ ही जीवन के सात दिन का क्षमादान दिया गया।

मृत्यु से पूर्व के इन सात दिनों में वीताशोक को समस्त सुख-साधन उपलब्ध कराए गए, किंतु उसने किसी भी वस्तु की ओर देखा तक नहीं। अशोक उसे इन्हीं भावों का अनुभव कराना चाहता था, ताकि वह बौद्ध भिक्षुओं की वास्तविक मानसिकता से अवगत हो सके।

यद्यपि वीताशोक को कुछ दिन बाद ही मुक्त कर दिया गया, किंतु वह राजधानी में रहने की बजाय सीमांत प्रदेश में चला गया, फिर वह एक अर्हंत हो गया। वह एक बार अशोक से मिलने तो आया, किंतु उस स्थान पर रहने की बजाय दूसरी जगह चला गया।

वह जहाँ गया, उस राजा ने निर्ग्रंथों के सिर के लिए इनाम घोषित कर रखे थे, अर्थात् किसी निर्ग्रंथ का कटा सिर लानेवाले को इनाम दिया जाता था। वहाँ उसे भी निर्ग्रंथ मानकर उसका सिर काट दिया गया।

'महावंश' के अनुसार

इसके अनुसार अशोक ने अपने भाई तिष्य को अपना युवराज नियुक्त किया था, किंतु जब उसे योजक आचार्य महापर्मरक्षित ने उपदेश दिया तो वह एक भिक्षु बन गया। तब उसका नाम रखा गया 'एकविहारक'। अशोक ने काफी सारा धन लगाकर उसके लिए भोजकगिरी में एक विहार बनवाया।

यह गाथा 'थेर-गाथा टीका' में दी गई है। इस ग्रंथ में कहा गया है कि अशोक के छोटे भाई का नाम वीताशोक था। इसमें बताया गया है कि कैसे उसका लालन-पालन हुआ और एक घटना ने उसके जीवन की दिशा बदल दी।

वह आचार्य गिरिदत्त का शिष्य था, जिनसे उसने 'सुत्तपिटक' व

'अभिधम्म पिटक' की शिक्षा ग्रहण की। एक दिन जब वह दर्पण में देख बाल सँवार रहा था तो उसने अपने पके बाल देखे। जब काफी समय तक जीवन के क्षय के बारे में विचार करने के बाद उसकी व्यर्थता का अहसास हुआ तो उसने गिरिदत्त से प्रव्रज्या ले ली और अर्हंत हो गया।

इस तरह अलग-अलग गाथाएँ अशोक व उसके संबंधियों के जीवन का अलग-अलग परिचय देती हैं।

□

हमारा राष्ट्रचिह्न

सम्राट् अशोक के विषय में बताते समय हमारे राष्ट्रचिह्न के बारे में चर्चा करना स्वाभाविक ही है। कोई भी राष्ट्र अपने गीत, ध्वज व चिह्न के माध्यम से ही अपने स्वरूप व प्रभुसत्ता का परिचय देता है।

स्वाधीन होने के पश्चात् भारत ने राष्ट्रचिह्न के रूप में सारनाथ स्थित अशोक स्तंभ के सिंहशीर्ष को 'सत्यमेव जयते' की सुभाषित उक्ति के साथ अपनाया।

अशोक द्वारा निर्मित स्तंभ वास्तव में स्थापत्य कला के अनुकरणीय उदाहरण हैं। सारनाथ के स्तंभ का अलंकरण बड़ा ही अनूठा है। यह स्तंभ उस स्थान पर खड़ा है, जहाँ तथागत ने संबोधि के बाद अपना पहला उपदेश दिया था। इसके शीर्ष पर चार सिंह हैं, जो पीठ से पीठ सटाए खड़े हैं।

पाषाण खंड की पट्टी पर हाथी, अश्व, साँड़ और सिंह की प्रतिमाएँ सुसज्जित हैं। इन प्रतिमाओं के मध्य में एक चक्र है तथा पूरा सिंह शीर्ष घंटिका के आकार के कमल पर टिका है। हमारे राष्ट्रचिह्न में केवल तीन सिंह दिखते हैं, चौथा सिंह पीछे होने के कारण नहीं दिखता। इसके नीचे 'सत्यमेव जयते' लिखा है।

अशोक का यह सिंह शीर्ष उस स्तंभ का शिखर है, जो उसने तीसरी शताब्दी ई.पू. में सारनाथ के मृगदाव में बनवाया।

यह वर्तमान में सारनाथ के पुरातत्त्व संग्रहालय में सुरक्षित है। यह तो हम बता ही चुके हैं कि इसी स्थान से बुद्ध ने धर्मचक्र का प्रवर्तन किया

था। बौद्ध धर्म के इतिहास में यह घटना सर्वाधिक महत्त्व रखती है।

ह्वेनसांग ने जब सारनाथ की यात्रा की तो यह अशोक स्तंभ पूरा था। वह लिखता है, ''मेरे सामने लगभग 70 फुट ऊँचा एक पाषाण स्तंभ है। इसमें हरिताभ जैसी मृदुलता और तेज विद्यमान है। चार सिंहोंवाले सारनाथ के स्तंभ को हम धर्मचक्र का उल्लेखनीय नमूना कह सकते हैं। इसके जैसी वास्तुकला वाले अन्य स्तंभ अमरावती, साँची आदि स्थानों पर भी पाए गए हैं, किंतु यह उनमें सर्वश्रेष्ठ है।''

इसका पता 1905 में लगाया गया था। पुरातत्त्व सर्वेक्षण विभाग में सर्वप्रथम इसकी जानकारी मिली। इस समय उपलब्ध सिंहशीर्ष करीब 7 फुट ऊँचाईवाला है। कहते हैं कि इस स्तंभ पर एक चक्र भी था, जिसके कुछ अंश उस स्थान से ही मिले।

पंडित जवाहर लाल नेहरू द्वारा दिए गए भाषण के कुछ अंश अशोक के विषय में कहते हैं, ''निस्संदेह अशोक का काल भारतीय इतिहास का अंतरराष्ट्रीय काल था। यह संकीर्ण राष्ट्रीयता काल नहीं था। यह एक ऐसा काल था, जब भारतीय राजदूत सुदूर देशों में बाहर गए। वे विजेताओं या साम्राज्यवादियों के रूप में बाहर नहीं गए बल्कि शांति, सभ्यता और सद्भावना के दूतों के रूप में विदेश गए…।''

इस मूर्ति के विषय में विद्वान् विभिन्न प्रकार से विश्लेषण व व्याख्या करते हैं—

''इसकी सबसे सरल व्याख्या यह है कि मूलभूत रूप में शीर्ष पर स्थित धर्मचक्र नीतिपरायणता के भ्रमणशील चक्र का प्रतिनिधित्व करता है, जिसे सर्वोपरि माना जाता है। चारों दिशाओं की ओर मुख किए हुए चार सिंह काम तथा पाश्विक शक्ति के प्रतीक हैं। उनके नीचे जो कमल है, वह अर्थ या संपत्ति का सूचक था। इसका भाव यह है कि धर्म का स्थान काम और अर्थ दोनों से ऊपर है। धर्म की शक्ति तथा प्रभाव का प्रयोग करके इन दोनों को सदा नियंत्रण में रखना है।''

पाषाण खंड की पट्टी पर चार पशुओं के लाक्षणिक प्रयोग के संबंध

में प्रोफेसर फोयर की व्याख्या कहती है—

"साँड़, सिद्धार्थ के जन्मलग्न (वृषभ लग्न) का सूचक है। हाथी मायादेवी के गर्भधारण के समय के उस स्वप्न को द्योतित करता है, जिसमें उसे अपने गर्भाशय में सफेद हाथी के रूप में बोधिसत्त्व के प्रवेश का भान हुआ था। घोड़ा, महाभिनिष्क्रमण व युवराज के प्रिय अश्व कंथक का स्मरण दिलाता है, जिसकी पीठ पर बैठकर सिद्धार्थ अपना राजपाट छोड़कर कपिलवस्तु से चले गए थे। शेर शाक्यसिंह के लिए है। गौतम बुद्ध को बोधिवृक्ष के नीचे जो महान् बौद्ध हुआ था, उसको सारे विश्व में प्रकाशमान करने के लिए जब उन्होंने धर्मचक्र का प्रवर्तन किया था तो विश्व ने इस शाक्य सिंहनाद को सुना।"

पाषाण खंड की पट्टी पर धर्मचक्र है, उसमें 24 अरे हैं। बौद्ध दर्शन में जिन 24 प्रकार के प्रमुख हेतु संबंधों की चर्चा है, वे उन्हीं का प्रतिनिधित्व करते हैं। सम्यक् दृष्टि से यह धर्म का चक्र है, जो राजाओं का भी राजा माना जाता है और जिसके नीति संदेश का पालन सभी को करना पड़ता है। यह चक्र राष्ट्रध्वज के मध्य में भी दिखाई देता है।

(हमारा राष्ट्रचिह्न, सी. शिवराममूर्ति से साभार)

□

अशोक के अभिलेख

सम्राट् अशोक ने बड़ी-बड़ी चट्टानों व पाषाण-स्तंभों पर अपने शिलालेख खुदवाए थे। शिलालेख में एक स्थान पर लिखा है—

'यह लेख मैंने इसलिए लिखवाया है, ताकि लोग इसके अनुसार आचरण करें और यह चिरस्थायी रहे। जो इसके अनुसार आचरण करेगा, वह पुण्य का कार्य करेगा।'

इस प्रकार प्राकृत भाषा में लिखे गए ये धर्मलेख ऐतिहासिक दृष्टि से बहुत महत्त्व रखते हैं।

इनसे हमें तत्कालीन धार्मिक, सामाजिक और राजनीतिक परिस्थितियों का ज्ञान होता है। सम्राट् अशोक की परिवर्तित मन:स्थिति का परिचय देने के अतिरिक्त ये उसके साम्राज्य की सीमाओं की भी जानकारी देते हैं। इनसे पता चलता है कि किस प्रकार देवानांप्रिय अशोक ने एक पिता की भाँति प्रजा का पालन किया।

मान्यता है कि कलिंग युद्ध से पहले अशोक भी एक क्रूरमना सम्राट् था; किंतु युद्ध की विभीषिका ने उसे एक दयालु बौद्ध सम्राट् बना दिया, जिसने धर्म के प्रचार को ही अपने जीवन का ध्येय मान लिया। किंतु वह किसी एकांत स्थल पर गुफा या कंदरा में समाधि लगाकर ध्यान में नहीं बैठा।

अशोक ने अपने पद की गरिमा, मर्यादा व उत्तरदायित्व का वहन करते हुए न केवल धर्म का पालन किया, अपितु उसे सुदूर विदेशों तक

ले जाने में भी अहम भूमिका निभाई।

वह चाहता था कि लोग इन शिलालेखों को पढ़कर धर्म का आचरण करें। उसने अपने एक धर्मलेख में इस बात पर भी संतोष व्यक्त किया कि उसके द्वारा धर्म के प्रचार से लोगों में सदाचार की इतनी वृद्धि हुई कि वे देवताओं से मिलने योग्य बन गए।

इन लेखों से अशोक की राजाज्ञाएँ प्रकाशित हुईं तथा धर्म; नीति तथा शासन संबंधी विचारों का भी परिचय मिला। सुदूर स्थानों तक अपने विचारों को पहुँचाने का यह माध्यम न केवल तत्कालीन बल्कि आनेवाली पीढ़ियों के लिए भी लाभदायक रहा।

यदि ये अभिलेख न होते तो संभवत: हम जान न पाते कि किस तरह बौद्ध धर्म के प्रचार के लिए अशोक ने अपने पुत्र-पुत्री को विदेश भेजा। उसने बौद्ध धर्म को लोगों तक पहुँचाने में अपनी ओर से कोई कमी नहीं रखी।

अशोक के धर्मलेखों को दो भागों में बाँट सकते हैं—शिलाओं पर खुदे लेख और पाषाण स्तंभों पर खुदे लेख। शिलाओं पर खुदे लेख तीन प्रकार के हैं—शिलालेख, लघु शिलालेख, गुफालेख। स्तंभलेख दो भागों में बाँट सकते हैं—स्तंभलेख, लघु स्तंभलेख।

छठे स्तंभलेख से पता चलता है कि अशोक ने अपने राज्याभिषेक के करीब बारह वर्ष बाद से ये धर्मलेख लिखवाने आरंभ किए। सबसे पहले उसने लघु शिलालेख खुदवाए और फिर चतुर्दश शिलालेख।

अशोक ने ये शिलालेख ब्राह्मी लिपि में खुदवाए। उसी ब्राह्मी लिपि से हमारी देवनागरी लिपि बनी है।

ये अभिलेख मौर्यकालीन कला के सुंदर उदाहरण हैं। ये हमारे इतिहास की महत्त्वपूर्ण धरोहर हैं। कालांतर में विद्वानों ने इनका हिंदी अनुवाद कर दिया, ताकि जनसाधारण भी अशोक के जीवन, काल, चरित्र, राजनैतिक, सामाजिक और तत्कालीन परिस्थितियों की जानकारी पा सके।

अशोक और उसके धर्मलेखों के इन हिंदी अनुवादों के लिए मैंने

जिन विद्वानों की पुस्तकों से सामग्री ली, उनके लिए आभार प्रकट करती हूँ। पाठकों के लिए अशोक के धर्मलेखों के कतिपय उदाहरण प्रस्तुत हैं—

गिरनार पर्वत की चट्टान पर खुदा प्रथम शिलालेख

यह धर्मलेख देवताओं के प्रिय प्रियदर्शी राजा (अशोक) ने लिखवाया है। यहाँ (मेरे राज्य में) कोई जीव मारकर होम न किया जाए और सामाजिक कार्य (मेला, उत्सव या गोष्ठी, जिसमें हिंसा होती हो) न किया जाए, क्योंकि देवताओं के प्रिय प्रियदर्शी राजा (अशोक) समाज (मेले, उत्सव) में बहुत से दोष देखते हैं। परंतु एक प्रकार के ऐसे समाज हैं, जिन्हें देवताओं के प्रिय प्रियदर्शी राजा अच्छा समझते हैं। पहले देवताओं के प्रिय प्रियदर्शी राजा की पाकशाला में प्रतिदिन कई हजार जीव सूप बनाने के लिए मारे जाते थे, पर अब जब यह धर्मलेख लिखा जा रहा है तो केवल तीन जीव ही प्रतिदिन मारे जाते हैं—दो मोर और एक मृग। ये तीन प्राणी भविष्य में नहीं मारे जाएँगे।

गिरनार का द्वितीय शिलालेख

देवताओं के प्रिय प्रियदर्शी राजा के राज्य में सब जगह तथा जो सीमावर्ती राज्य हैं, जैसे चोल, पांड्य, सत्यपुत्र, केरलपुत्र, ताम्रपर्णी तक और अंतियोक नामक यवनराज एवं जो उस अंतियोक के पड़ोसी राजा हैं, उन सबके देशों में देवताओं के प्रिय प्रियदर्शी राजा ने दो प्रकार की चिकित्सा का प्रबंध किया है—एक, मनुष्यों की चिकित्सा के लिए तथा दूसरा, पशुओं की चिकित्सा के लिए। औषधियाँ भी मनुष्यों और पशुओं के लिए जहाँ-जहाँ नहीं थीं, वहाँ बाहर से लाई और रोपी गई हैं। इसी तरह मूल और फल भी जहाँ-जहाँ नहीं थे, वहाँ-वहाँ सब जगह लाए और रोपे गए हैं। मार्गों में पशुओं और मनुष्यों के आराम के लिए कुएँ खुदवाए और वृक्ष लगाए गए हैं।

गिरनार का तृतीय शिलालेख

देवताओं के प्रिय प्रियदर्शी राजा ऐसा कहते हैं, राज्याभिषेक के बारह वर्ष बाद मैंने आज्ञा दी है कि मेरे राज्य में सब जगह युक्त, रज्जुक और प्रादेशिक नाम राजकर्मचारी पाँच-पाँच वर्ष पर इसी काम के लिए अर्थात् धर्म की शिक्षा देने के लिए तथा और कामों के लिए (यह प्रचार करते हुए) दौरा करें, 'माता-पिता की सेवा करना अच्छा है। मित्र, परिचित, स्वजातिबांधव तथा ब्राह्मण और श्रमण को दान देना अच्छा है। जीव-हिंसा न करना अच्छा है, थोड़ा व्यय करना और थोड़ा संचय करना अच्छा है, (अमात्यों की) परिषद् भी युक्त नामक कर्मचारियों को आज्ञा देगी कि वे इन नियमों का पूरी तरह पालन करें।

गिरनार का चतुर्थ शिलालेख

अतीतकाल में कई सौ वर्षों से प्राणियों का वध, जीवों की हिंसा, बंधुओं का अनादर तथा श्रमणों और ब्राह्मणों का अनादर बढ़ता ही गया; पर देवताओं के प्रिय प्रियदर्शी राजा का धर्माचरण (युद्ध का) भेरीघोष अब जयघोष में बदल गया है। देव-विमान, हाथी, (नरक-सूचक) अग्नि की ज्वाला और अन्य दिव्य दृश्यों के प्रदर्शनों द्वारा जैसा पहले कई सौ वर्षों से नहीं हुआ था, वैसा आज देवताओं के प्रिय प्रियदर्शी राजा के धर्मानुशासन से प्राणियों के प्रति अहिंसा, जीवों की रक्षा, बंधुओं का आदर, ब्राह्मणों और श्रमणों का सत्कार, माता-पिता तथा बूढ़ों की सेवा बढ़ गई है। अन्य बहुत प्रकार का धर्माचरण बढ़ा है। इस धर्माचरण को देवताओं के प्रिय प्रियदर्शी राजा और भी बढ़ाएँगे। देवताओं के प्रिय प्रियदर्शी राजा के पुत्र, नाती, परनाती; इस धर्माचरण को कल्प के अंत तक बढ़ाते रहेंगे और धर्म तथा शील का पालन करते हुए धर्म के अनुशासन का प्रचार करेंगे, क्योंकि धर्म का अनुशासन ही श्रेष्ठ कार्य है। जो शीलवान नहीं है, वह धर्म का आचरण भी नहीं कर सकता। इसलिए इसकी वृद्धि करना तथा हानि न होने देना अच्छा है। लोग इस बात की वृद्धि में लगें और इसकी हानि न होने दें।

इसी उद्‌देश्य से यह लिखा गया है। राज्याभिषेक के बारह वर्ष बाद देवताओं के प्रिय प्रियदर्शी राजा ने यह लिखवाया।

गिरनार का पंचम शिलालेख

देवताओं के प्रिय प्रियदर्शी राजा ऐसा कहते हैं—अच्छा काम करना कठिन है। जो अच्छा काम करने में लग जाता है, वह कठिन काम करता है, पर मैंने बहुत से अच्छे काम किए हैं। इसलिए यदि मेरे पुत्र, नाती, पोते और उनके बाद जो संतानें होगीं, वे सब कल्प के अंत तक वैसा अनुसरण करेंगे तो पुण्य करेंगे। किंतु जो इस कर्तव्य का थोड़ा सी भी अनदेखी करेगा, वह पाप करेगा; क्योंकि पाप करना आसान है। पूर्वकाल में धर्म-महामात्र नामक राजकर्मचारी नहीं होते थे, पर मैंने अपने राज्याभिषेक के तेरह वर्ष बाद धर्म महामात्र नियुक्त किए। ये धर्म-महामात्र सब संप्रदायों के नीच धर्म में रत लोगों के तथा यवन, कंबोज, गांधार, राष्ट्रिक, पीतिनिक और पश्चिमी सीमा पर (रहनेवाली जातियों में) धर्म की स्थापना, धर्म की वृद्धि तथा लोगों के हित व सुख के लिए नियुक्त हैं। वे स्वामी और सेवकों के बीच उनके हित और सुख के लिए तथा जो धर्माचरण में लगे हुए हैं, उनके हित और सुख के लिए; सांसारिक लोभ और लालसा से उनको मुक्त कराने के लिए नियुक्त हैं। वे अन्यायपूर्ण वध और बंधन को रोकने के लिए तथा (उन लोगों का ध्यान रखने के लिए) नियुक्त हैं, जो बड़े परिवारवाले हैं या भूत-प्रेत आदि की बाधा से पीड़ित हैं या बहुत वृद्ध हैं, वे पाटलिपुत्र में और बाहर हमारे रिश्तेदारों के अंत:पुरों में नियुक्त हैं। ये धर्म-महामात्र यह देखने के लिए नियुक्त हैं कि धर्म का आचरण हो रहा है या नहीं। इसी उद्‌देश्य से यह धर्मलेख लिखा गया।

गिरनार का षष्ठ शिलालेख

देवताओं के प्रिय प्रियदर्शी राजा ऐसा कहते हैं कि अतीतकाल में पहले हर समय राज्य का काम नहीं होता था और न हर समय प्रतिवेदकों

प्रतिवेदकों (गुप्तचरों) से समाचार ही सुना जाता था। इसलिए मैंने यह किया कि हर समय चाहे मैं खाता होऊँ, अंतपुर में रहूँ, गर्भागार (शयनागार) में होऊँ, टहलता होऊँ, सवारी पर होऊँ, कूच कर रहा होऊँ, सभी जगह किसी भी समय पर प्रतिवेदक प्रजा का हाल मुझे सुनाएँ। मैं प्रजा का काम सभी जगह करता हूँ। यदि मैं स्वयं अपने मुँह से आज्ञा दूँ कि अमुक दान दिया जाए या अमुक काम किया जाए या महामात्रों को काई आवश्यक आज्ञा दी जाए। यदि इस विषय में कोई विवाद उनमें उपस्थित हो या मंत्री-परिषद् उसे अस्वीकार करे, तो मैंने आज्ञा दी है कि तुरंत ही हर घड़ी और जगह मुझे सूचना दे जाए, क्योंकि मैं कितना ही परिश्रम करूँ और कितना ही राजकार्य करूँ; मुझे संतोष नहीं होता। सब लोगों का हित करना मैं अपना प्रधान कर्तव्य समझता हूँ। पर सभी लोगों का हित परिश्रम और राजकार्य संपादन के बिना नहीं हो सकता। सभी लोगों का हित करने से बढ़कर और कोई कार्य नहीं है। जो कुछ पराक्रम मैं करता हूँ, वह इसलिए है कि प्राणियों के प्रति जो मेरा ऋण है, उससे उऋण हो जाऊँ और इस लोक में लोगों को सुखी करूँ तथा परलोक में उन्हें स्वर्ग का लाभ कराऊँ। यह धर्मलेख इसलिए लिखवाया गया है कि यह चिरस्थित रहे और मेरे पुत्र, पोते और परपोते लोगों के हित के लिए पराक्रम करें। बहुत अधिक पराक्रम के बिना यह कार्य कठिन है।

गिरनार का सप्तम शिलालेख

देवताओं के प्रिय प्रियदर्शी राजा चाहते हैं कि सभी जगह संप्रदायों के लोग (एक साथ) निवास करें, क्योंकि सभी संप्रदाय संयम और चित्त की शुद्धि चाहते हैं। भिन्न-भिन्न मनुष्यों की प्रवृत्ति तथा रुचि भिन्न-भिन्न अच्छी या बुरी, ऊँची या नीची होती है। वह या तो संपूर्ण रूप से या केवल एक अंश में अपने धर्म का पालन करेंगे। किंतु जो बहुत अधिक दान नहीं कर सकता, उसमें संयम, चित्तशुद्धि, कृतज्ञता और दृढ़ भक्ति का होना नितांत आवश्यक है।

गिरनार का अष्टम शिलालेख

अतीतकाल में राजा लोग विहार-यात्रा के लिए निकलते थे। इन यात्राओं में मृगया और इसी तरह के दूसरे आमोद होते थे, परंतु देवताओं के प्रिय प्रियदर्शी राजा ने राज्याभिषेक के दस वर्ष बाद जब से संबोधि का अनुसरण किया, इन धर्म-यात्राओं का प्रारंभ हुआ; इन धर्म-यात्राओं में यह होता है—ब्राह्मणों और श्रमणों का दर्शन करना और इन्हें दान देना, वृद्धों का दर्शन करना और उन्हें स्वर्णदान देना, ग्रामवासियों के पास जाकर धर्म का उपदेश देना तथा धर्म संबंधी चर्चा करना। उस समय से अन्य कार्यों के स्थान पर इसी धर्म-यात्रा में देवताओं के प्रिय प्रियदर्शी राजा आनंद लेते हैं।

गिरनार का नवम शिलालेख

देवताओं के प्रिय प्रियदर्शी राजा ऐसा कहते हैं—लोग विपत्ति में, पुत्र तथा कन्या के विवाह में, पुत्र के जन्म में, परदेश जाते समय और इसी तरह के दूसरे अवसरों पर अनेक प्रकार के बहुत से ऊँचे और नीचे मंगलाचार करते हैं। ऐसे अवसरों पर स्त्रियाँ अनेक प्रकार के तुच्छ व निरर्थक मंगलाचार करती हैं। मंगलाचार करना ही चाहिए, किंतु इस तरह के मंगलाचार अल्प फल देनेवाले होते हैं, परंतु धर्म का मंगलाचार महाफल देनेवाला है। इस धर्म के मंगलाचार में दास और सेवकों के प्रति उचित व्यवहार, गुरुओं का आदर, प्राणियों के प्रति अहिंसा और ब्राह्मणों तथा श्रमणों में दान, इसी प्रकार के दूसरे मंगल कार्य होते हैं। इसलिए पिता, पुत्र या भाई या स्वामी को कहना चाहिए—'यह मंगलाचार अच्छा है, इसे तब तक करना चाहिए, जब तक कि अभीष्ट कार्य सिद्ध न हो जाए।' यह भी कहा गया है कि दान देना अच्छा है, किंतु कोई दान या उपकार ऐसा नहीं है, जैसाकि धर्म का दान या धर्म का उपकार है। इसलिए मित्र, कुटुंब और सहायक को अमुक-अमुक अवसर पर अपने मित्र-बंधु आदि से कहना चाहिए—'अमुक कार्य अच्छा है, अमुक कार्य

करना चाहिए, अमुक कार्य करने से स्वर्ग की प्राप्ति हो सकती है।' और स्वर्ग की प्राप्ति से बढ़कर इष्ट वस्तु क्या है?

गिरनार का दशम शिलालेख

देवताओं के प्रिय प्रियदर्शी राजा यश या कीर्ति को बड़ी वस्तु नहीं समझते (जो कुछ भी यश या कीर्ति वह चाहते हैं)। इसलिए कि वर्तमान में और भविष्य में मेरी प्रजा धर्म की सेवा करने और धर्म के व्रत का पालन करने में उत्साहित हो। केवल इसलिए देवताओं के प्रिय प्रियदर्शी राजा, जो भी पराक्रम करते हैं, वह सब परलोक के लिए करते हैं; जिससे कि सब लोग दोष से रहित हो जाएँ। जो अपुण्य है, वही दोष है। सबकुछ त्याग करके बड़ा पराक्रम किए बिना कोई मनुष्य, चाहे वह छोटा हो या बड़ा, इस कार्य को नहीं कर सकता। बड़े आदमी के लिए तो यह और भी कठिन है।

गिरनार का ग्यारहवाँ शिलालेख

देवताओं के प्रिय प्रियदर्शी राजा ऐसा कहते हैं कि कोई ऐसा दान नहीं, जैसा धर्म का दान है। कोई ऐसी मित्रता नहीं, जैसी की धर्म के द्वारा मित्रता है, धर्म का बँटवारा है, धर्म का संबंध है। धर्म में होता है कि दास एवं सेवक के साथ उचित व्यवहार किया जाए, माता-पिता की सेवा की जाए, मित्र-परिचित, जातिवालों तथा ब्राह्मणों और श्रमणों को दान दिया जाए तथा प्राणियों की हिंसा न की जाए। इसके लिए पिता, भाई, मित्र, परिचित, जातभाई और पड़ोसी को भी यह कहना चाहिए कि यह अच्छा कार्य है, इसे करना चाहिए। जो ऐसा करता है, वह इस लोक को सिद्ध करता है और परलोक में भी उस धर्मदान से अनंत पुण्य का भागी होता है।

गिरनार का बारहवाँ शिलालेख

देवताओं के प्रिय प्रियदर्शी राजा विविध दान और पूजा से गृहस्थ और

संन्यासी सब संप्रदायवालों का सत्कार करते हैं। किंतु देवताओं के प्रिय दान या पूजा की इतनी परवाह नहीं करते, जितनी इस बात की कि सब संप्रदायों के सार की वृद्धि हो। सार की वृद्धि कई प्रकार से होती है, पर उसकी जड़ वाक्-संयम है, अर्थात् लोग केवल अपने ही संप्रदाय का आदर और बिना मतलब दूसरे संप्रदायों की निंदा न करें या विशेष अवसर पर निंदा भी हो तो संयम के साथ। हर दशा में दूसरे संप्रदायों का आदर ही करना चाहिए। ऐसा करने से मनुष्य अपने संप्रदाय की उन्नति और दूसरे संप्रदायों का उपकार करता है। इसके विपरीत जो करता है, वह अपने संप्रदाय की जड़ काटता है और दूसरे संप्रदायों का भी अपकार करता है; क्योंकि जो कोई अपने संप्रदाय की भक्ति में आकर इस विचार से कि मेरे संप्रदाय का गौरव बढ़े, अपने संप्रदाय की प्रशंसा करता है और दूसरे संप्रदायों की निंदा करता है, वह ऐसा करके वास्तव में अपने संप्रदाय को ही भारी हानि पहुँचाता है। इसलिए समवाय ही अच्छा है अर्थात् लोग एक-दूसरे के धर्म को ध्यान देकर सुनें और उसकी सेवा करें, क्योंकि देवताओं के प्रिय राजा की यही इच्छा है कि सभी संप्रदायवाले बहुश्रुत तथा कल्याणकारक ज्ञान से युक्त हों। इसलिए जो लोग अपने-अपने संप्रदाय में ही अनुरक्त हैं, उनसे कहना चाहिए कि देवताओं के प्रिय दान या पूजा को इतना बड़ा समझते; जितना इस बात को कि सब संप्रदायों के सार की वृद्धि हो। इस कार्य के निमित्त धर्म-महामात्र, स्त्री-महामात्र, ब्रजभूमिक तथा अन्य इसी प्रकार के राजकर्मचारी नियुक्त हैं। इसका फल यह है कि अपने संप्रदाय की उन्नति होती है और धर्म का गौरव बढ़ता है।

गिरनार का तेरहवाँ शिलालेख

···कलिंग—एक लाख लोग मारे गए और इससे कई गुना महामारी आदि से मरे। उसके बाद अब, जबकि कलिंग देश मिल गया है, धर्म का तीव्र अध्ययन···देवताओं के प्रिय को···लोगों की हत्या, मृत्यु और देश निष्कासन होता है। देवताओं के प्रिय को बहुत दुःख और खेद हुआ···ब्राह्मण,

श्रमण तथा माता-पिता की सेवा, गुरुओं की सेवा, मित्र, परिचित, सहायक, जाति, दास—प्रियजनों से वियोग; जिनके सहायक और संबंधी विपत्ति में पड़ जाते हैं, उन्हें भी इस कारण पीड़ा होती है। यह विपत्ति सबके हिस्से में पड़ती है। यवनों के सिवा जो वर्ग, जहाँ मनुष्य एक-न-एक संप्रदाय को न मानते हों···उस समय जितने आदमी···हजारवें हिस्से का नाश भी देवताओं के प्रिय के दुःख का कारण होगा।···क्षमा के योग्य···देवताओं के प्रिय प्रियदर्शी के राज्य में जितने वनवासी लोग हैं, उनसे कहते हैं—सब प्राणियों की अहिंसा, संयम और सभी के साथ समान व्यवहार तथा नम्रता।···देवताओं के प्रिय ने प्राप्त की है। जहाँ···भवन राजा और उस आंतियोक के परे चार राजा अर्थात् तुरमाय, अंतेकिनि, भगा···यहाँ राजा के राज्य में, भवनों में, कंबोजों में, आंध्रों में, पुलिंदों में सब जगह लोग देवताओं के प्रिय के धर्मानुशासन का आचरण करते हैं। जहाँ दूत धर्मानुशासन धर्म का आचरण करते हैं। वह विजय सर्वत्र आनंद देनेवाली है। यह आसनंद धर्म की विजय से प्राप्त हुआ है। ···देवताओं के प्रिय इस अभिप्राय से यह धर्मलेख···नया देश विजय करना अपना कर्तव्य न समझें। यदि कभी वे विजय करना चाहें तो क्षमा को—यह लोक और परलोक दोनों जगह।

गिरनार का चौदहवाँ शिलालेख

ये धर्मलेख देवताओं के प्रिय प्रियदर्शी राजा ने लिखवाए हैं। ये कहीं संक्षेप, कहीं मध्यम और कहीं विस्तृत रूप में हैं; क्योंकि सभी जगह के लिए सभी बातें लागू नहीं होतीं। मेरा राज्य विस्तृत है, इसलिए बहुत से लेख लिखवाए गए हैं और लिखवाए जाते रहेंगे। कहीं-कहीं विषय की रोचकता के कारण एक ही बात बार-बार कही गई है, जिससे कि लोग उसके अनुसार आचरण करें। इन लेखों में जो कुछ अपूर्ण लिखा गया हो, उसका कारण देश-भेद, संक्षिप्त लेख या लिखनेवाले की गलती समझनी चाहिए।

दिल्ली टोपरा के सप्त स्तंभ-लेख

प्रथम स्तंभ-लेख

देवताओं के प्रिय प्रियदर्शी राजा ऐसा कहते हैं, राज्याभिषेक के 26 वर्ष बाद मैंने यह धर्मलेख लिखवाया। अत्यंत धर्मानुराग के बिना, विशेष आत्मपरीक्षा के बिना, बड़ी सेवा के बिना, पाप से बड़े भय के बिना और महान् उत्साह के बिना, इस लोक और परलोक में सुख दुर्लभ है; पर मेरी शिक्षा से धर्म के प्रति आदर और अनुराग बढ़ा है और आगे भी बढ़ेगा। मेरे पुरुष चाहे वे ऊँचे पद पर हों, नीचे पद पर हों या मध्यम पद पर हों, मेरी शिक्षा के अनुसार काम करते हैं और ऐसा उपाय करते हैं कि चंचल बुद्धिवाले लोग भी धर्म का आचरण करने के लिए प्रेरित हों। इसी तरह अंत-महामात्र भी आचरण करते हैं। धर्म के अनुसार पालन करना, धर्म के अनुसार कार्य करना, धर्म के अनुसार सुख देना और धर्म के अनुसार रक्षा करना—यही विधि है।

द्वितीय स्तंभलेख

देवताओं के प्रिय प्रियदर्शी राजा ऐसा कहते हैं—धर्म करना अच्छा है, पर धर्म क्या है? धर्म यही है कि पाप से दूर रहें। बहुत से अच्छे काम करें। दया, दान, सत्य और शौच का पालन करें। मैंने कई प्रकार से चक्षु का दान या आध्यात्मिक दृष्टि का दान भी लोगों को दिया है। दोपायों, चौपायों, पक्षियों और जलचर जीवों पर भी मैंने अनेक कृपा की है, मैंने उन्हें प्राणदान भी दिया है तथा बहुत से कल्याण के काम मैंने किए हैं। यह लेख मैंने इसलिए लिखवाया है कि लोग इसके अनुसार आचरण करें और यह चिरस्थायी रहे। जो इसके अनुसार कार्य करेगा, वह पुण्य का काम करेगा।

तृतीय स्तंभलेख

देवताओं के प्रिय प्रियदर्शी राजा ऐसा कहते हैं—मनुष्य अपने अच्छे कर्म को देखता है (व मन में कहता है) कि मैंने यह अच्छा काम किया

है, पर वह अपने पाप को नहीं देखता व मन में नहीं कहता है कि यह पाप मैंने किया है या दोष मुझमें है। इस प्रकार की आत्मपरीक्षा बड़ी कठिन है तथापि मनुष्य को यह देखना चाहिए कि क्रूरता, निष्ठुरता, क्रोध, मान व ईर्ष्या—ये सब पाप के कारण हैं और उनके कारण मनुष्य अपना नाश न होने दे। इस बात की ओर विशेष रूप से ध्यान देना चाहिए कि इससे मुझे इस लोक में सुख मिलेगा और इससे मेरा परलोक भी बनेगा।

चतुर्थ स्तंभलेख

देवताओं के प्रिय प्रियदर्शी राजा ऐसा कहते हैं, राज्याभिषेक के 26 वर्ष बाद मैंने यह धर्मलेख लिखवाया। मेरे रज्जुक नाम के कर्मचारी लाखों मनुष्यों के ऊपर नियुक्त हैं। पुरस्कार तथा दंड देने का अधिकार मैंने उनके अधीन कर दिया है, जिसमें कि वे निश्चिंत व निर्भय होकर अपना कर्तव्य-पालन करें तथा लोगों के हित और सुख का ध्यान रखें एवं लोगों पर अनुग्रह करें। वे सुख और दुःख का कारण जानने का प्रयत्न करेंगे तथा धर्मशील पुरुषों के द्वारा लोगों को ऐसा उपदेश देंगे, जिससे लोग इस लोक और परलोक, दोनों जगह सुख पाएँ। रज्जुक लोग भी मेरी आज्ञा का पालन करेंगे। मेरे 'पुरुष' (नामक कर्मचारी) भी मेरी इच्छा और आज्ञानुसार कार्य करेंगे। वे भी कभी-कभी ऐसा उपदेश देंगे, जिससे रज्जुक लोग मुझे प्रसन्न करने का प्रयत्न करें। जिस प्रकार कोई मनुष्य अपने बच्चे को निपुण धाय के हाथों सौंपकर निश्चिंत हो जाता है तथा सोचता है कि यह धाय मेरे बच्चे को सुख पहुँचाने की भरपूर चेष्टा करेगी, उसी प्रकार लोगों को हित व सुख पहुँचाने के लिए मैंने रज्जुक नामक कर्मचारी नियुक्त किए हैं। वे निर्भय, निश्चिंत और शांतचित्त होकर काम करें। इसलिए मैंने पुरस्कार अथवा दंड देने का अधिकार उनके अधीन कर दिया है। मैं चाहता हूँ कि व्यवहार तथा दंड में पक्षपात न हो, इसलिए आज से मेरी आज्ञा है कि कारागार में पड़े हुए जिन मनुष्यों का मृत्युदंड निश्चित हो चुका है, उन्हें तीन दिन की मोहलत दी जाए।

इस बीच में जिन लोगों को मृत्युदंड मिला है, उनके जाति-कुटुंब वाले उनकी ओर से उनके जीवनदान के लिए पुनर्विचार की प्रार्थना करेंगे या वे अंतकाल तक ध्यान करते हुए परलोक के लिए दान देंगे या उपवास करेंगे, क्योंकि मेरी इच्छा है कि कारागार में रहने के समय भी दंड पाए हुए लोग परलोक का चिंतन करें और लोगों में अनेक प्रकार का धर्माचरण, संयम और दान देने की इच्छा बढ़े।

पंचम स्तंभलेख

देवताओं के प्रिय प्रियदर्शी राजा ऐसा कहते हैं कि राज्याभिषेक के 26 वर्ष बाद मैंने निम्नलिखित प्राणियों का वध करना वर्जित कर दिया है—सुग्गा, मैना, अरुण, चकोर, हंस, नांदीमुख, बोलाट, जतुका, अंबाकपीलिका, दुडि, बिना हड्डी की मछली, वेदवेचक, गंगापुपुटक, संकुजमत्स्य, कछुआ, साही, पर्णश, स्टमर (बारासिंगा), साँड़, ओकपिंड, पलसत, श्वेत कबूतर, गाँव के कबूतर तथा सब प्रकार के चौपाए, जो न किसी प्रकार उपयोग में आते हैं और न ही खाए जाते हैं। गाभिन या दूध पिलाती हुई बकरी, भेड़ों या सूअरी को तथा इनके बच्चों को, जो छह माह तक के हों, नहीं मारना चाहिए। मुरगे को बधिया नहीं करना चाहिए। जीवित प्राणी सहित भूसी को नहीं जलाना चाहिए। अनर्थ करने के लिए या प्राणियों की हिंसा करने के लिए वन में आग नहीं लगानी चाहिए। एक जीव को मारकर दूसरे जीव को नहीं खिलाना चाहिए। प्रति चार-चार महीने की तीन ऋतुओं की तीन पूर्णमासी के दिन, पौष मास की पूर्णमासी के दिन, चतुदर्शी, अमावस्या और प्रतिपदा के दिन तथा प्रत्येक उपवास के दिन मछली नहीं मारनी चाहिए व न ही बेचनी चाहिए। इन सब दिनों में, हाथियों के वन में तथा तालाबों में से बेचने के लिए कोई भी दूसरे प्रकार के जीव मारे जाने चाहिए। प्रत्येक पक्ष की अष्टमी, चतुर्दशी, अमावस्या, पूर्णिमा तथा पुण्य या पुनर्वसु नक्षत्र के दिन, तीन चतुर्मासी के दिन तथा त्योहारों पर जानवरों को बधिया नहीं करना

चाहिए। राज्याभिषेक के 26 वर्षों के अंदर मैंने 25 बार कारागार से बंदियों को मुक्त किया है।

षष्ठ स्तंभलेख

देवताओं के प्रिय प्रियदर्शी राजा ऐसा कहते हैं कि राज्याभिषेक के बारह वर्ष बाद मैंने लोगों के हित और सुख के लिए धर्मलेख लिखवाए, जिससे कि वे पाप के मार्ग को त्यागकर धर्म की वृद्धि करें। इसी प्रकार मैं यह भी देखता हूँ कि मेरी जाति व कुटुंब के लोगों के अतिरिक्त दूसरे लोग भी सुख से रहें। मैं इसी के अनुसार कार्य भी करता हूँ। मैंने सभी संप्रदायों का सत्कार किया है। राज्याभिषेक के 26 वर्ष बाद मैंने यह धर्मलेख लिखवाया।

सप्तम स्तंभलेख

देवताओं के प्रिय प्रियदर्शी राजा ऐसा कहते हैं कि अतीत काल में जो राजा हुए, उनकी इच्छा थी कि किसी प्रकार लोगों में धर्म की वृद्धि हो, किंतु लोगों में आशा के अनुकूल धर्म की वृद्धि नहीं हुई।

देवताओं के प्रिय प्रियदर्शी राजा ऐसा कहते हैं कि यह विचार मेरे मन में हुआ कि पूर्व समय में राजा लोग यह चाहते थे कि किसी प्रकार लोगों में उचित रूप से धर्म की वृद्धि हो, पर लोगों में धर्म की यथेष्ट वृद्धि नहीं हुई। अब मैं किस प्रकार से लोगों को धर्म की वृद्धि के लिए प्रेरित कर सकता हूँ?

यह विचार मेरे मन में हुआ कि लोगों को धर्म-श्रमण कराऊँ व धर्म का उपदेश दूँ, ताकि लोग उसी के अनुसार सुनकर आचरण व उचित कार्य करें तथा धर्म की वृद्धि करें। 'पुरुष' नामक कर्मचारी मेरे उपदेशों का प्रचार और विस्तार करते हैं। रज्जुकों को भी आज्ञा दी गई है कि वे धर्मप्रेमी लोगों को इसी प्रकार उपदेश दिया करें।

इसी उद्‌देश्य को लक्ष्य में रखते हुए मैंने धर्मस्तंभ बनवाए। धर्ममहामात्र

नियुक्त किए और धर्म की घोषणाएँ निकालीं।

देवताओं के प्रिय प्रियदर्शी राजा ऐसा कहते हैं कि सड़कों पर भी मैंने मनुष्य और पशुओं को छाया देने के लिए बरगद के पेड़ लगवाए। आम के पेड़ों की वाटिकाएँ लगवाईं। आठ-आठ कोस पर कुएँ खुदवाए और सराय आदि बनवाईं, किंतु ये उपकार कुछ भी नहीं हैं। मैंने यह व्यवस्था इसलिए की, ताकि लोग धर्म के अनुसार आचरण करें।

मेरे धर्ममहामात्र भी बहुत तरह के उपकार-कार्यों में नियुक्त हैं। जिनका संबंध संन्यासी व गृहस्थ, दोनों से है। वे सब संप्रदायों में भी नियुक्त हैं। मैंने उन्हें संघों में, ब्राह्मणों में, आजीविकों में, जैन साधुओं में तथा विविध संप्रदायों के मध्य नियुक्त किया है। वे इन कार्यों के अलावा सब संप्रदायों का निरीक्षण भी करते हैं।

ये तथा अन्य प्रधान कर्मचारी मेरे तथा मेरी रानियों के दानोत्सर्ग के कार्यों में नियुक्त हैं। वे मेरे सब अंत:पुरवालों को भिन्न-भिन्न प्रकार से बताते हैं कि कौन-कौन से लोग कितने दान के पात्र हैं। धर्म की उन्नति और धर्म का आचरण इसी में है कि लोगों में दया, दान, सत्य, शौच, मृदुता व साधुता बढ़े।

जो कुछ अच्छा काम मैंने किया है, उसे लोग स्वीकारते हैं व उसका अनुसरण करते हैं। जिससे माता-पिता की सेवा, गुरुओं की सेवा, वयोवृद्धों का सत्कार तथा ब्राह्मण, दीनों व नौकरों के साथ उचित व्यवहार—ये सब गुण लोगों में बढ़े हैं और बढ़ेंगे।

मनुष्यों में दो प्रकार से धर्म की वृद्धि हुई है—धर्म के नियम द्वारा और विचार-परिवर्तन द्वारा। विचार परिवर्तन बहुत महत्त्व रखता है। धर्म के नियम ये हैं, जैसा कि मैंने आज्ञा दी है कि अमुक-अमुक प्राणी न मारे जाएँ, किंतु विचार परिवर्तन से मनुष्यों में धर्म की वृद्धि हुई। इससे प्राणियों की अहिंसा और यज्ञों में जीवों का अवध बढ़ा है।

यह लेख इसलिए लिखा गया है कि जब तक सूर्य व चंद्रमा हैं, तब तक मेरे पुत्र व प्रपौत्र इसके अनुसार आचरण करें; क्योंकि इसके

अनुसार आचरण करने से लोक व परलोक दोनों सुधरेंगे। राज्याभिषेक के 27 वर्ष बाद मैंने यह लेख लिखवाया है।

देवताओं के प्रिय यह कहते हैं कि जहाँ-जहाँ ये पत्थर के स्तंभ या पत्थर की शिलाएँ हों, वहाँ-वहाँ धर्मलेख खुदवाए जाएँ, जिससे कि वे चिरस्थित रहें।

अशोक द्वारा लिखवाए गए कुछ लघु शिलालेखों के उदाहरण

1. मास्की का लघु शिलालेख

देवताओं के प्रिय अशोक की ओर से ऐसा कहना कि ढाई वर्ष से अधिक हुए जब मैं शाक्य हुआ। एक वर्ष से अधिक हुआ, जब मैं संघ में आया और अधिक उद्योग किया। जंबूद्वीप में पहले जो देवता मनुष्यों से मिलते-जुलते नहीं थे, वे अब मनुष्यों से मिल-जुल गए हैं। छोटे लोग भी यदि इस धर्म का पालन करें तो इस उद्देश्य को प्राप्त कर सकते हैं; यह न समझना चाहिए कि केवल बड़े लोग ही ऐसा कर सकते हैं। छोटे लोग और बड़े लोग सभी से यह कहना चाहिए कि यदि आप इस प्रकार करेंगे तो यह कल्याणकारी होगा और चिरस्थायी रहेगा तथा इसका विस्तार होगा। कम-से-कम डेढ़ गुना विस्तार होगा।

2. कलकत्ता-वैराट का लघु शिलालेख

मगध के राजा प्रियदर्शी संघ को अभिवादनपूर्वक कहते हैं और आशा करते हैं कि वे विघ्नरहित व सुखपूर्वक होंगे। हे भदंतगण, आपको विदित है कि बुद्ध, धर्म व संघ में हमारी कितनी भक्ति व श्रद्धा है। हे भदंतगण! जो कुछ भगवान् बुद्ध न कहा है, सो सब अच्छा कहा है; पर भदंतगण! जिसे मैं समझता हूँ कि इससे सधर्म चिरस्थायी रहेगा, उसे यहाँ लिखता हूँ, यथा—विनय समुत्कर्ष, आर्य जीवन, आनेवाला भय, मुनियों का गान, मुनियों के संबंध में उपदेश, उपतिष्य का प्रश्न व राहुल को उपदेश; जिसमें भगवान् बुद्ध ने झूठ न बोलने के बारे में कहा है। इन

धर्मग्रंथों को, हे भदंतगण! मैं चाहता हूँ कि बहुत से भिक्षु व भिक्षुणियाँ बार-बार श्रवण करें और मन में धारण करें। इस प्रकार उपासक व उपासिकाएँ भी सुनें व धारण करें। हे भदंतगण! मैं इसलिए यह लेख लिखवाता हूँ कि लोग मेरा अभिप्राय जानें।

3. गुजरात का लघु शिलालेख

देवताओं के प्रिय प्रियदर्शी अशोक का यह अनुशासन है कि मैं ढाई वर्ष से उपासक हूँ, परंतु एक वर्ष से अधिक हुआ जब से मैं संघ में आया हूँ, तब से मैंने पूरी तरह से उद्योग किया है। इस प्रकार जंबूद्वीप में देवताओं के प्रिय के जो देवता अब तक मनुष्यों से नहीं मिलते-जुलते थे, अब वे मिल-जुल गए हैं। यह उद्योग का फल है, इसे केवल बड़े लोग ही पा सकें, ऐसी बात नहीं है; क्योंकि छोटे लोग भी उद्योग करें, धर्म के अनुसार आचरण करें तथा प्राणियों के साथ संयम का व्यवहार करें तो बड़े भारी स्वर्ग के सुख को पा सकते हैं। यह अनुशासन इसलिए लिखा गया है कि छोटे और बड़े धर्म का आचरण करें व उद्योग करें। सीमांत में रहनेवाले लोग भी इस अनुशासन को जानें। धर्म का आचरण चिरस्थायी रहे। यदि इसका पालन आप लोग करें। यह अनुशासन मैंने उस समय लिखवाया, जब मैं प्रवास में था और प्रवास के 256 दिन हो चुके थे।

4. ब्रह्मगिरी का लघु शिलालेख

सुवर्णगिरी से आर्यपुत्र व महामात्रों की ओर से हसिला के महामात्रों को आरोग्य की शुभकामना देना और सूचित करना कि देवताओं के प्रिय आज्ञा देते हैं कि ढाई वर्ष से अधिक हुए कि मैं उपासक हुआ, परंतु एक वर्ष मैंने उद्योग नहीं किया। एक वर्ष से अधिक हुआ, जब से मैं संघ में आया हूँ, तब से मैंने खूब उद्योग किया है। जंबूद्वीप···प्रवास के 256 दिन हो चुके थे।

और देवताओं के प्रिय ऐसा भी कहते हैं कि माता-पिता की सेवा करनी चाहिए। इसी प्रकार गुरुओं की सेवा करनी चाहिए। प्राणियों के प्रति दृढ़ता के साथ दयालुता दिखाई जानी चाहिए। सत्य बोलना चाहिए। धर्म के इन गुणों को आचरण में लाना चाहिए। इसी प्रकार शिष्य को आचार्य का आदर करना चाहिए तथा अपने जाति भाइयों के प्रति उचित बरताव करना चाहिए। यही प्राचीन धर्म की रीति है। इससे आयु बढ़ती है। इसी के अनुसार मनुष्य को इनका पालन करना चाहिए। चपड़ नामक लिपिकार (लेखक) ने यह लिखा।

5. येर्रागुडी का लघु शिलालेख

देवताओं के प्रिय ऐसा कहते हैं कि·· कम-से-कम डेढ़ गुना विस्तार होगा।

देवताओं के प्रिय ऐसा कहते हैं कि—राजा की आज्ञा के अनुसार आपको चलना चाहिए। आप लोग रज्जुक नामक कर्मचारियों को आदेश देंगे तथा रज्जुक लोग ग्रामवासियों तथा राष्ट्रिक नामक कर्मचारियों को आदेश देंगे कि माता-पिता की सेवा करनी चाहिए, प्राणियों पर दया करनी चाहिए, सत्य बोलना चाहिए। धर्म के इन गुणों का उपदेश देना चाहिए। इसी प्रकार आप लोग देवताओं के प्रिय के कहने के अनुसार गजवाहकों, लेखकों, अश्ववाहकों और ब्राह्मणों में आचार्यों को आज्ञा दें कि वे अपने शिष्य को प्राचीन रीति के अनुसार शिक्षा दें। इस आदेश का पालन होना चाहिए। आचार्य की प्रतिष्ठा इसी में है। इसी प्रकार के आचरण की परिपाटी आचार्य के कुटुंब के पुरुषों द्वारा स्त्रियों में भी डाली जानी चाहिए। आचार्य को शिष्यों के प्रति उचित व्यवहार करना चाहिए, जैसाकि पुरानी रीति है। इसी प्रकार आप लोग अपने शिष्यों को उपदेश दें। जिससे कि धर्म के सिद्धांत की उन्नति व वृद्धि हो। यह देवताओं के प्रिय का आदेश है।

अशोक द्वारा लिखवाए गए लघु स्तंभलेख

1. रुम्मिनदेई का लघु स्तंभलेख

देवताओं के प्रिय प्रियदर्शी राजा ने राज्याभिषेक के बीस वर्ष बाद स्वयं आकर इस स्थान की पूजा की, क्योंकि यहाँ शाक्यमुनि बुद्ध का जन्म हुआ था। यहाँ पत्थर की एक प्राचीर बनवाई गई और पत्थर का एक स्तंभ खड़ा किया गया। बुद्ध भगवान् यहाँ जनमे थे, इसलिए लुंबिनी ग्राम को कर से मुक्त कर दिया गया और पैदावार का आठवाँ भाग भी (जो राजा का हक था) उसी ग्राम को दे दिया गया।

2. निग्लीव का लघु स्तंभलेख

देवताओं के प्रिय प्रियदर्शी राजा ने राज्याभिषेक के चौदह वर्ष बाद शाक्यमुनि बुद्ध के स्तूप की लंबाई बढ़ाकर दुगनी कर दी। राज्याभिषेक के बीस वर्ष बाद स्वयं आकर इस स्तूप की पूजा की और एक शिलास्तंभ खड़ा किया।

3. सारनाथ का लघु स्तंभलेख

(यह लेख सारनाथ में नियुक्त महामात्रों को संबोधित करके लिखा गया है। इसका प्रारंभिक भाग टूटा हुआ है)

देवताओं के प्रिय···पाटलिपुत्र में··· कोई संघ में फूट न डाले। चाहे वह भिक्षु या भिक्षुणी, जो संघ में फूट डालेगा, उसको श्वेत वस्त्र पहनाकर उस स्थान में रख दिया जाएगा, जो भिक्षु-भिक्षुणियों के योग्य नहीं है। अर्थात् वह भिक्षु समाज से बहिष्कृत कर दिया जाएगा। इस प्रकार मेरी यह आज्ञा भिक्षु व भिक्षुणी संघ को बता दी जाए।

देवताओं के प्रिय ऐसा कहते हैं कि इस प्रकार का एक लेख आप लोगों के पास आपके कार्यालय में रहे और ऐसा ही लेख आप लोग उपासकों के पास रख दें। उपासक लोग हर उपवास के दिन इस आज्ञा पर अपना विश्वास दृढ़ करने के लिए आएँ। निश्चित रूप से हर उपवास

के दिन प्रत्येक महामात्र इस आज्ञा पर अपना विश्वास जमाने तथा इसका प्रचार करने के लिए उपवास-व्रत में सम्मिलित हों। जहाँ-जहाँ आप लोगों का अधिकार हो, वहाँ-वहाँ आप सर्वत्र इस आज्ञा के अनुसार प्रचार करें। इसी प्रकार आप लोग सब कोटों (गढ़ों) और विषयों (प्रांतों) में भी अधिकारियों को इस आज्ञा के अनुसार प्रचार के लिए भेजें।

□

ग्रंथ-सूची

1.	अशोक के धर्म लेख	–	जनार्दन भट्ट
2.	अशोक	–	त्रिलोचन सिंह गिल
3.	अशोक द ग्रेट	–	वाइट्ज क्यूनिंग
4.	अशोका	–	विंसेट स्मिथ
5.	अशोका एंड दि डिक्लाइन ऑफ मौर्यास	–	रोमिला थापर
6.	सम्राट् अशोक	–	प्राणनाथ वानप्रस्थी
7.	देवानां प्रियदर्शी : राजा अशोक	–	भगवती प्रसाद पांथरी
8.	अशोक	–	राधाकुमुद मुखर्जी
9.	अशोक महान्	–	अशोक कौशिक
10.	बौद्ध ग्रंथ	–	
11.	अशोक	–	भंडारकर
12.	एंशियंट इंडिया	–	एन.पी. चक्रवर्ती
13.	अशोक (तृतीय संस्करण)	–	वी.ए. स्मिथ
14.	अर्थशास्त्र	–	कौटिल्य
15.	चाणक्य नीति	–	रचना भोला 'यामिनी'
16.	हमारा राष्ट्र चिह्न	–	सी. शिवराम मूर्ति

□□□